Heike Vogel wurde 1971 geboren. Sie studierte an der Fachhochschule für Gestaltung in Hamburg, und seit 1999 arbeitet sie als Illustratorin für verschiedene Verlage. Heike Vogel lebt mit ihrer Familie in Hamburg.

© Verlag Heinrich Ellermann GmbH, Hamburg 2007
Alle Rechte vorbehalten
Einband und farbige Illustrationen von Heike Vogel
Reproduktion: Domino Medienservice GmbH, Lübeck
Druck und Bindung: Mohn media · Mohndruck GmbH, Gütersloh
Printed in Germany 2008
ISBN 978-3-7707-2469-7

www.ellermann.de

Die schönsten Geschichten zu Weihnachten

von Isabel Abedi, Kirsten Boie, Dimiter Inkiow,
James Krüss, Astrid Lindgren, Christine Nöstlinger,
Mirjam Pressler, Wolfdietrich Schnurre u. a.

Bilder von Heike Vogel
Herausgegeben von Claudia Müller

ellermann

Inhaltsverzeichnis

Advent, Advent ...

Margaret Rettich: *Die Weihnachtskatze*	8
Mirjam Pressler: *Bärenwünsche*	13
Tilde Michels: *Weihnachtsplätzchen*	16
Elisabeth Zöller: *Der Innen-drin-Wunsch*	21
Marliese Arold: *Die Weihnachtspiraten*	24
Dimiter Inkiow: *Der Weihnachtswunsch*	31

Von Nussknackern, Schneemännern und Weihnachtsengeln

Sybil Gräfin Schönfeldt: *Der Bäckerengel*	38
Petra Steckelmann: *Sir Wally Krackerdeen*	43
Corinna Gieseler: *Die Weihnachtsreise*	53
Ursel Scheffler: *Der Schneemann, der auf die Rutschbahn wollte*	61
Anja Fröhlich: *Der gefallene Engel*	66
Hans Christian Andersen: *Der Schneemann*	74

O Tannenbaum

Kirsten Boie: *Der Tannenbaum*	84
Richard Hughes: *Der Weihnachtsbaum*	92
Manfred Kyber: *Der kleine Tannenbaum*	94
Wolfdietrich Schnurre: *Die Leihgabe*	99
Alfons Schweiggert: *Der winzige Tannenbaum*	108

Schöne Bescherung

James Krüss: *Schildkrötensuppe*	112
Christine Nöstlinger: *Die gerechte Verteilung*	121
Jutta Richter: *Die Sache mit dem Zwerghuhn*	129
Edith Schreiber-Wicke: *Weihnachtspost*	136
Erhard Dietl: *Bärenstarke Weihnachten*	142
Henriette Wich: *Geschenke vom Kasperl*	146

Am Heiligen Abend

Isabel Abedi: *Der Bär im Schafspelz*	154
Frauke Nahrgang: *Hilfe für den Weihnachtsmann*	161
Dimiter Inkiow: *In letzter Minute*	166
Birgit Scheps: *Das Geschenk*	170
Jutta Richter: *Wie die Henne Berta das Weihnachtsfest rettet*	178
Astrid Lindgren: *Pippi Langstrumpf feiert Weihnachten*	184

Advent, Advent ...

Margaret Rettich
Die Weihnachtskatze

Die alte Frau Neumann weinte, als ihre Buschi starb. Sie weinte auf der Straße, wo sich Leute nach Buschis Ende erkundigten. Sie weinte im Treppenhaus, wo die Nachbarn sie fragten, ob Buschi gelitten hätte. Am meisten weinte sie in ihrer Wohnung, wenn sie das leere Körbchen sah. Sie hatte niemanden mehr, seit Buschi tot war.

Pelle sagte zu Mama: »Ich hatte Buschi auch sehr lieb.«

»Sie hat dich gekratzt«, erwiderte Mama.

»Buschi wollte nur spielen«, sagte Pelle, aber Mama hatte nun mal nichts mit Katzen im Sinn.

Es war zwei Wochen vor Weihnachten.

Mama kaufte in der Stadt Geschenke ein, da durften Papa und Pelle nicht mit. Sie trödelten inzwischen durch den Park. Im Nieselregen war das ziemlich ungemütlich. Sie wollten gerade umkehren, als Pelle unter einem Strauch die kleine Katze entdeckte. Sie war nass, zerzaust und ganz mager. Pelle fing sie ein und steckte sie unter seinen Anorak.

Papa sagte: »Ich glaube, wir kriegen Ärger mit Mama.«

»Aber wir können das Kätzchen doch hier nicht erfrieren und verhungern lassen«, sagte Pelle, und das sah Papa ein.

Zum Glück war Mama noch nicht zu Hause.

Pelle setzte die kleine Katze in der Küche hin. Sofort flitzte sie wie der Blitz unter den Küchenschrank und ließ sich nicht mehr blicken. Nicht mal ein Schälchen Milch lockte sie hervor.

»Oje, bald kommt Mama«, sagte Papa.
Hoffnungsvoll sagte Pelle: »Vielleicht bleibt das Kätzchen unterm Schrank, und Mama findet es nicht.«
Diesen Gefallen tat ihnen die kleine Katze aber nicht. Sie streckte erst eine Pfote vor, dann erschien sie ganz und schleckte hastig die Milch.

Draußen klappte die Tür.
Pelle steckte die kleine Katze unter seinen Pullover und rannte an Mama vorbei ins Kinderzimmer.
»Hallo, wohin so schnell?«, fragte Mama, und Pelle rief: »Schularbeiten machen!«
Nach einer Weile kam Papa. Er setzte sich auf Pelles Bett, wo die kleine Katze schlief. Papa sagte: »Wir müssen uns was einfallen lassen wegen Mama.«
»Ich wünsche mir das Kätzchen einfach zu Weihnachten«, sagte Pelle.
»Das schlag dir aus dem Kopf, Mama mag keine Katzen«, sagte Papa. Er überlegte und meinte dann: »Wir könnten es Frau Neumann bringen. Sie freut sich bestimmt über eine neue Katze, wo Buschi nun im Katzenhimmel ist. Oder fällt dir was Besseres ein?«
Was Besseres fiel Pelle nicht ein. Er wusste nur, dass es keinen Sinn hatte, mit Mama darüber zu reden. Er seufzte, steckte das Kätzchen in seinen Pullover und schlich hinter Papa an der Küche vorbei, wo Mama das Essen richtete.
Papa und Pelle klingelten bei Frau Neumann, aber sie machte nicht auf. Vielleicht war sie beim Arzt, dort ging sie in letzter Zeit häufig hin. Sie mussten die kleine Katze also wieder mitnehmen. Als Mama zum Abendbrot rief, spazierte sie hinter Papa und Pelle in die Küche.

Mama fiel fast der Teetopf aus der Hand. Sie rief: »Was macht eine Katze in unserer Wohnung?«

»Bleib ganz ruhig«, sagte Papa. Dann erzählten er und Pelle, dass sie das Kätzchen im Park gefunden hätten und dass sie es nun Frau Neumann schenken wollten, anstelle von Buschi.

»Es war Papas Idee, ist sie nicht gut?«, fragte Pelle.

»Nein, das ist sie nicht«, sagte Mama, »ihr könnt Frau Neumann nicht einfach überrumpeln. Ihr müsst sie erst fragen, ob sie überhaupt eine neue Katze will. Und wenn nicht, werdet ihr sie dorthin zurückbringen, wo ihr sie gefunden habt. Ihr wisst genau, dass ich keine Katze dulde.« Und sie schickte Papa und Pelle gleich nach dem Essen wieder zu Frau Neumann.

Dort blieb alles still, obwohl sie viele Male klingelten. Mama war noch in der Küche. Sie merkte nicht, dass Pelle die kleine Katze zurück in sein Zimmer brachte. Aber als Mama am anderen Morgen Pelle weckte, strich ihr das Kätzchen um die Beine. Es lief hinter ihr her und putzte sich, während Mama sich duschte. Dann folgte es ihr in die Küche und guckte zu, wie sie das Frühstück machte.

»Sieh mich nicht so an, ich mag dich nicht«, sagte Mama. Aber sie stellte der kleinen Katze frische Milch hin.

Papa musste zur Arbeit, und Pelle musste in die Schule. Mama versprach ihnen, mit dem Kätzchen nichts zu unternehmen, bis sie wieder da waren. Das Kätzchen schlief fast den ganzen Tag. Es ließ sich weder vom Staubsauger noch von der Waschmaschine stören. Als Mama sich einen Augenblick im Sessel ausruhte, sprang es ihr auf den Schoß.

»Du sollst mich nicht so umgarnen«, sagte Mama. Aber sie holte ihm eine Portion Hackfleisch aus der Küche.
Dann kam Pelle zurück, und später war auch Papa wieder da.
Mama sagte entschlossen: »Nun unternehmt bitte etwas.«
Papa und Pelle machten sich also wieder auf zu Frau Neumann. Sie klingelten wieder umsonst. Im Treppenhaus trafen sie eine Nachbarin, und die erzählte ihnen, dass Frau Neumann für eine Woche verreist sei. Diesmal verlangte Mama nicht, dass sie das Kätzchen dorthin zurückbrachten, wo sie es gefunden hatten. Sie sagte: »Es schneit ja und ist so kalt.« Sie ließ in der Nacht alle Türen offen, und die kleine Katze spazierte ungeniert herum. Am Morgen lag sie in Mamas Bett, Mama zu Füßen.
Das Kätzchen war nun ganz zutraulich geworden. Es zerfetzte Papas Zeitung, bevor er sie gelesen hatte.
Es zerrte Mamas Strickzeug hinter sich her, bis die Wolle vom Knäuel gewickelt war.
Es hüpfte nach dem Korken, den Pelle an einem Faden tanzen ließ.

Aber meist rollte es sich vor Vergnügen auf dem Teppich und schnurrte.
Kurz vor Weihnachten klingelte es. Frau Neumann wollte Mama sprechen. Pelle fing das Kätzchen schnell ein und sperrte es ins Bad. Es sah so traurig aus, dass Papa sich schnäuzen musste. Sie saßen stumm nebeneinander auf Pelles Bett, bis Frau Neumann ging und Mama reinkam. Mama sagte: »Frau Neumann will Weihnachten wieder verreisen. Sie hat mich gebeten, ihre Topfpflanzen zu gießen. Und dabei hat sie auch gesagt, dass sie froh ist, kein Tier mehr zu haben. Sie hat Buschi zwar sehr lieb gehabt, aber nun ist sie ungebunden und kann alte Freunde und Verwandte besuchen. Darum hab ich ihr auch nichts von der kleinen Katze gesagt.«
Als Mama draußen war, fragte Pelle: »Muss unser Kätzchen nun etwa zurück in den Park?«
»Weiß nicht«, sagte Papa und zuckte mit den Schultern.
Aber da steckte Mama noch mal den Kopf zur Tür herein. Sie lachte und rief: »Hab ich euch eigentlich schon gesagt, was ich mir zu Weihnachten wünsche? Nein? Also, ich wünsche mir eine gewisse süße kleine Katze. Ich hoffe, ihr seid einverstanden.«

Mirjam Pressler
Bärenwünsche

Die Mutter hat Laura ins Bett gebracht. »Und kein Theater heute, Laura. Du weißt ja, bald ist Weihnachten. Und wenn Kinder nicht brav waren …«
Dann ist sie hinausgegangen. Laura weiß, was sie sagen wollte. Nur brave Kinder kriegen vom Christkind Geschenke.
Laura liegt im Bett. Aber sie ist überhaupt nicht müde. Abends ist sie nie müde, nur morgens, wenn sie aufstehen soll.
»Das hat sie von dir«, sagt Mama oft zu Papa. »Du kommst auch abends nicht ins Bett und morgens nicht raus.«
Dann zwinkert Papa Laura zu, und Laura versucht auch zu zwinkern. Aber sie kann es nicht, sie kneift aus Versehen immer beide Augen auf einmal zu.
Im Zimmer ist es nicht ganz dunkel, denn in einer Ecke brennt das Nachtlicht. Weil Laura nämlich Angst vor der Dunkelheit hat. »Und das hat sie von dir«, sagt Papa oft zu Mama. »Du bist auch so ein Angsthase.«
Dann zwinkert Mama Laura zu, und Laura zwinkert zurück. So gut es eben geht.
Sie schaut sich um. Dann setzt sie sich auf, sodass sie mit dem Rücken an der Wand lehnt, und nimmt ihren Teddybär Wuschel in den Arm.
»Bist du auch noch nicht müde?«, fragt sie und blinzelt Wuschel zu. »Von wem hast du das denn? Von deinem Papa oder von deiner Mama?«
Sie muss lachen, und Wuschel lacht auch.
»Bären haben keine Mama und keinen Papa«, sagt Wuschel. »Das weißt du doch. Ich habe nur dich und sonst niemanden. Deshalb musst du auch immer lieb zu mir sein. Und jetzt möchte ich schlafen.«
»Du sollst noch nicht einschlafen«, sagt Laura. »Ich bin noch nicht müde.«

Wuschel stöhnt. »Schon wieder! Ich verstehe das nicht. Wir Bären sind immer müde. Wir Bären können sehr gut schlafen. In der Wildnis schlafen wir jedes Jahr im Herbst ein und wachen erst im Frühjahr wieder auf.«

»Dann verschlaft ihr ja das Schlittenfahren«, sagt Laura. »Und Weihnachten. Und Schneemannbauen.«

Wuschel richtet sich stolz auf. »Wir Bären halten nichts vom Schlittenfahren«, sagt er. »Außerdem: Bärenweihnachten gibt es nicht und Schneebären erst recht nicht.«

Laura lässt sich überrascht tiefer rutschen. So tief, dass ihr Kopf auf dem Kopfkissen liegt.

Wuschel kippt nach vorn und drückt sein Gesicht an Lauras Hals. Genau an der Stelle, wo sie es am liebsten hat. Ganz weich und ein bisschen kitzelig ist Wuschels Fell. Sie legt einen Arm um seinen dicken Bauch und drückt ihn fest an sich.

»Ich erzähle dir jetzt vom Winter«, sagt sie. »Da schneit es, und alles wird weiß. Und an Weihnachten bekomme ich viele Geschenke. Von Oma und Opa, von Tante Ellen und von Onkel Robby. Und natürlich von Mama und Papa. Armer Wuschel, du tust mir wirklich leid, weil ihr Bären kein Weihnachten habt.«
Wuschel brummt sanft und müde.
»Weißt du was?«, sagt Laura. »Wir werden allen Bescheid sagen, dass sie dir dieses Jahr auch etwas schenken müssen. Was wünschst du dir denn?«
Aber Wuschel gibt keine Antwort. Er ist schon eingeschlafen.
Laura überlegt, was sich ihr Bär wohl wünschen könnte. Einen neuen Pullover. Eine Baskenmütze. Ein Bärenbett. Ein Bärendreirad. Ein paar neue Gesellschaftsspiele. Ein Quartett. Eine Puppe, die richtig pinkeln kann, so wie Conny eine hat … Und natürlich einen Puppenwagen dazu. Und einen neuen Schlitten und neue Schlittschuhe. Und ein neues rotes Fahrrad mit einem Einkaufskorb, in den er sich dann setzen kann, wenn Laura spazieren fährt, und … und … und …
Und dann ist Laura eingeschlafen.

Tilde Michels
Weihnachtsplätzchen

Sechs Mäuse sitzen im Schlupfloch unter der Besenkammer: Mutter Maus, Vater Maus, Onkel Jeremias und die Mäusekinder Isabella, Daisy und Sigi. Alle sechs schnuppern mit zitternden Barthaaren den Duft ein, der aus der Küche strömt.
»Weihnachtsplätzchen!« Onkel Jeremias seufzt vor Entzücken.
»Schmecken die gut?«, fragt Sigi.
Die Mäusekinder sind noch sehr jung. Sie erleben gerade ihre erste Weihnachtszeit.
»Sie sind das Beste vom ganzen Jahr«, erklärt Onkel Jeremias.
»Aber«, sagt der Vater, »es ist schwer, an sie heranzukommen. Man benötigt dazu Geschick und Unerschrockenheit.«
»Ich bin sehr geschickt«, sagt Isabella.
»Ich bin sehr unerschrocken«, sagt Daisy.
»Ich bin sehr geschickt und sehr unerschrocken«, behauptet Sigi.
»Wenn das so ist«, sagt Onkel Jeremias, und seine Augen glitzern begierig, »dann könnt ihr gleich mal auf Weihnachtsplätzchen-Besorgungstour gehen. Für uns alle natürlich.«
»O Jeremias!«, flüstert Mutter Maus. »Rede den Kindern doch nicht solche gefährlichen Sachen ein!«
Aber der Onkel lässt nicht locker. Er schnuppert mit vorgestrecktem Kopf in den berauschenden Plätzchenduft und tätschelt seinen kugelrunden Bauch.
Mit Onkel Jeremias ist das immer so. Er lässt am liebsten andere für sich arbeiten, vor allem dann, wenn es sich um gewagte Unternehmungen handelt.

»Ich finde«, sagt er, »das ist genau die richtige Aufgabe für junge Mäuse.«
Vater Maus wirft ihm einen missbilligenden Blick zu.
»Halt dich zurück, Jeremias! Die Kinder haben noch keine Erfahrung in solchen Dingen.«
»Irgendwann«, erwidert der Onkel, »irgendwann muss jeder seine Erfahrungen machen. Ihr verzärtelt die Kinder zu sehr. Es wird Zeit, dass sie lebenstüchtig werden.«
»Wir wollen nicht verzärtelt werden!«, ruft Daisy.
»Wir wollen lebenstüchtig werden«, piepst Isabella.
»Jawoll!«, bekräftigt Sigi.
»Na bitte, da hört ihr's«, sagt Onkel Jeremias.
Vater Maus wispert mit seiner Frau, dann sagt er: »Also gut, wir wollen einen Versuch wagen. Nur, liebe Kinder, prägt euch die drei obersten Mäuseregeln ein:

Mäuseregel Nummer eins: Vorsicht!
Mäuseregel Nummer zwei: größte Vorsicht!
Mäuseregel Nummer drei: allergrößte Vorsicht!«

»Wir beachten ganz bestimmt alle Regeln«, beteuern die jungen Mäuse.
Sie warten, bis es dunkel geworden ist, dann huschen sie aus ihrem Versteck, trippeln durch die Besenkammer und schlüpfen durch ein Loch in die Küche. Auf dem Tisch finden sie ein paar Krümel. Köstliche Krümel, aber leider nur eine Kostprobe. Die Plätzchen sind in einer großen Blechdose verschlossen.
Sigi untersucht die Dose. Er beschnuppert sie von allen Seiten, er springt auf den Deckel, rüttelt ein bisschen am Rand, nagt ein bisschen am Blech – aber er muss bald erkennen, dass er seine Geschicklichkeit überschätzt hat.
Und gleich darauf erkennt er, dass er auch seine Unerschrockenheit überschätzt hat. Nämlich: Die Küchentür öffnet sich leise, und der Schein einer Taschenlampe huscht über den Tisch.
Da vergisst Sigi, wie mutig er sein wollte, und flüchtet kopfüber in wildem Entsetzen. Er reißt seine beiden Schwestern und eine Kaffeetasse mit von der Tischplatte.

Unter dem Küchentisch drängen sich die Mäusekinder zitternd aneinander und starren auf die zwei nackten Füße, die langsam näher kommen.
Und dann geschieht etwas Unerwartetes: Ein Junge im Schlafanzug beugt sich zu ihnen herunter und flüstert: »Macht doch nicht so einen Lärm! Meint ihr, ich will mich wegen euch erwischen lassen?«
Der Junge verharrt eine Weile ebenso reglos wie die drei Mäuse und lauscht besorgt hinaus.
Daisy, Sigi und Isabella atmen auf.
»Der will uns nichts tun«, wispert Daisy.
»Der hat selber Angst«, piepst Isabella.
Als draußen alles still bleibt, sagt der Junge: »Glück gehabt. Die sitzen vorm Fernseher und haben nichts gehört.«
Er bückt sich und sammelt die Scherben der Kaffeetasse auf. Dann hebt er den Deckel der Blechdose und langt hinein.
»Die sind immer so geizig mit ihren Plätzchen. Vor Weihnachten darf man nicht. Dabei schmecken sie vorher am allerbesten.«
Daisy, Sigi und Isabella sind mutig geworden und klettern wieder auf den Tisch.
»Dürfen wir auch mal?«
»Klar«, sagt der Junge.

Da knabbern die drei jungen Mäuse zum ersten Mal in ihrem Leben an Zimtsternen, Nussmakronen und Buttergebäck. Sie fressen, bis ihre Bäuche fast so dick sind wie der von Onkel Jeremias.

Plötzlich fällt Daisy ein, dass sie versprochen haben, auch für die übrige Familie etwas zu besorgen. »Onkel Jeremias wird böse, wenn wir nichts mitbringen.«

»Der soll doch selbst gehen!«, piepst Isabella.

Schließlich packt aber doch jeder ein Plätzchen und huscht davon. Im Mäuseloch legen sie ihre Beute vor die Großen.

Onkel Jeremias stürzt sich sofort auf den Zimtstern und versucht, Mutter Maus ein Eckchen von ihrer Nussmakrone abzujagen.

Während die alten Mäuse knuspern und knaspern, berichten die drei Jungen von ihrem Erlebnis.

»Dieser Knabe«, sagt Vater Maus, »scheint Mäuse zu mögen.«

»Bestimmt«, sagt Daisy. »Und was komisch ist: Er fürchtet sich vor den Menschen, genau wie wir.«

»Ungewöhnlich, höchst ungewöhnlich«, murmelt Onkel Jeremias mit vollen Backen.

Nachdem kein Krümelchen mehr übrig ist, sagt Vater Maus: »Euer erstes Abenteuer habt ihr bestanden. Aber, meine lieben Kinder, bleibt besonnen! Auch in Zukunft gilt bei allen Unternehmungen:

Mäuseregel Nummer eins: Vorsicht!
Mäuseregel Nummer zwei: größte Vorsicht!
Mäuseregel Nummer drei: allergrößte Vorsicht!«

Elisabeth Zöller
Der Innen-drin-Wunsch

Heute sollen wir unsere Wunschzettel schreiben. Mama hat uns schon ein paarmal danach gefragt.
Teddy wünscht sich einen Hund. »Weil ich keinen Zwilling hab«, sagt er. Mama schlägt die Hände über dem Kopf zusammen. Papa sagt einfach Nein. Teddy heult. Er will einen Hund. Schon lange. Aber Papa und Mama haben ihm nie einen erlaubt.
Ich sitze mit Teddy am Tisch und helfe ihm beim Wunschzettelschreiben. Ich schreibe auf, was er mir sagt, und er will es dann später abschreiben. Das kann er schon, aber es dauert ziemlich lange. Als Erstes soll ich hinschreiben, dass er sich eigentlich einen Zwilling wünscht, aber weiß, dass das nachträglich nicht geht.
»Dabei hätte ich so gerne einen Zwilling«, sagt er. »Und ich finde das total ungerecht: Ihr alle seid zu zweit, Papa und Mama, du und Ben, Lucki und Sofie und auch Oma Krummpiepen und Opa Brömmelkamp. Nur Luisa und ich nicht. Ich hab keinen Zwilling, und ich bin nicht verheiratet.« Und Teddy schaut mich dabei ganz treuherzig an.
Ich platze los vor Lachen. Teddy verheiratet!
Da wird er wütend, trommelt mit den Fäusten auf die Tischplatte und heult auf. »Darum wünsche ich mir einen Hund, wenigstens einen klitzekleinen! Der wäre dann auch immer bei mir. Der würde mich nicht so doof auslachen!« Langsam beruhigt er sich wieder. »Also schreib für mich«, bittet er schließlich, »dass ich mir vor allem und ganz, ganz fest und innen drin und schon lange, lange einen Hund wünsche.«

»Soll ich das alles hinschreiben?«

»Ja«, sagt Teddy. »Weil das wichtig ist: innen drin und fest und lange. Das ist nämlich ein Unterschied: Ein Innen-drin-Wunsch ist was anderes als ein Was-wünsch-ich-mir-denn-mal-Wunsch.«

Ich schreibe also alles auf. Sogar das mit dem Innen-drin-Wunsch.

»Und sonst noch etwas?«, frage ich.

»Ja«, sagt Teddy, »aber das sind nur Reservewünsche, so Was-wünsch-ich-mir-denn-mal-Wünsche.« Und er zählt auf: »Einen CD-Player, noch etwas für meine Playmobil-Burg, einen Lego-Motor …«

Da kommt Oma Krummpiepen zu uns an den Tisch. Sie hat Teddys Wunschliste gehört und sagt jetzt: »Du, Teddy, ein Wunschzettel zu Weihnachten ist aber kein Bestellzettel. Du kannst nicht einfach so ganz viele Sachen bestellen.«

»Aber wenigstens den klitzekleinen Hund«, meint Teddy. Und nach kurzem Überlegen fügt er hinzu: »Ich schreibe auch noch die Preise dahinter, dann kann das Christkind gezielter aussuchen.«

»Nein«, sagt Oma Krummpiepen, »du hast noch nicht ganz verstanden, was ich meinte.« Und sie setzt sich neben Teddy und erzählt ihm eine Geschichte: »Als ich klein war, da hat meine Oma mir erzählt, dass das Christkind früher wirklich auf die Erde gekommen ist und den Menschen an Weihnachten die Wünsche erfüllt hat, die sie sich von Herzen wünschten. Das Christkind konnte nämlich die Wünsche sehen, die Wünsche ganz innen drin in den Menschen. Aber nach einiger Zeit merkte das Christkind, dass die Menschen sich immer mehr und immer komischere Sachen wünschten, die mit den richtigen Wünschen da innen drin überhaupt nichts mehr zu tun hatten. Die Leute überlegten nur: Was könnte ich mir denn mal wünschen? Und dann wünschten sie sich alles Mögliche: teure Kleider und Autos und Spielzeug und Radios. Alles Sachen, die man irgendwo kaufen kann.«

»Was-wünsch-ich-mir-denn-mal-Wünsche«, unterbricht Teddy sie.

Oma Krummpiepen nickt. Sie erzählt weiter: »Da wurde das Christkind ganz traurig. Es beschloss, nur noch die Menschen mit den Wünschen, die von Herzen kommen, zu besuchen. Tja, und seitdem geht es an Weihnachten nur dorthin, wo Menschen sich wirklich innen drin etwas wünschen. Die anderen Leute schreiben zwar lange Bestellzettel ans Christkind, aber darum kümmert sich nicht mehr das echte Christkind. Das macht ein Bestell-Christkind, das in den Kaufhäusern zu Hause ist. Das echte Christkind kommt nur zu den Menschen mit den wirklich wichtigen Wünschen.«

»Aber das ist meiner doch«, sagt Teddy. »Der Hund ist ein Wunsch von ganz innen drin. Den wünsche ich mir fest und schon ganz, ganz lange. Superlange sozusagen.«

Ich zeige Oma Krummpiepen den Brief ans Christkind, den ich gerade für Teddy geschrieben habe.

»Das ist ja was!«, sagt Oma Krummpiepen, als sie sieht, dass Teddy mir wirklich »fest«, »lange« und »innen drin« diktiert hat. »Dann kommt das Christkind bestimmt.«

Marliese Arold
Die Weihnachtspiraten

»Jetzt dauert es gar nicht mehr lange bis Weihnachten«, sagt Tante Claudia zu ihrem Neffen Tobias.
»Schenkst du mir dieses Jahr wieder einen Adventskalender?«, bettelt Tobias.
»Na gut«, antwortet Tante Claudia. »Wenn ich morgen in die Stadt fahre, darfst du mit und einen Kalender aussuchen.«

Am nächsten Tag fahren Tobias und Tante Claudia mit dem Bus in die Stadt, wo es viele Geschäfte gibt. Alles ist schon weihnachtlich geschmückt.
Am liebsten wäre Tobias die ganze Zeit nur mit der Rolltreppe gefahren.
»Du wolltest doch einen Adventskalender«, erinnert Tante Claudia ihren Neffen.
Tobias nickt.
In einem Kaufhaus finden sie eine Weihnachtsabteilung. Tobias macht große Augen. So viele Kalender! Für welchen soll er sich nur entscheiden? Für einen Kalender mit Schokolade wie im letzten Jahr? Oder lieber für einen Kalender mit lauter kleinen Säckchen, wie es einen im Kindergarten gibt?
Da entdeckt Tobias einen Kalender mit einem Piratenschiff.
»Den will ich haben!«, ruft er sofort.
»Na, der Kalender sieht nicht gerade besonders weihnachtlich aus«, meint Tante Claudia. »Nimm doch lieber den hier.« Sie deutet auf einen Kalender, auf dem viele Engel und ein Nikolaus mit einem roten Mantel zu sehen sind.
Doch Tobias schüttelt den Kopf. Er will den Kalender mit dem Piratenschiff und keinen anderen!

Tante Claudia nimmt den Kalender vom Haken herunter, geht zur Kasse und bezahlt. Die Verkäuferin steckt den Piratenkalender in eine bunte Tüte.
»Damit wirst du ja was erleben«, sagt sie und zwinkert Tobias zu.
Danach bummeln Tante Claudia und Tobias noch über den Weihnachtsmarkt. Tobias muss dauernd daran denken, was die Verkäuferin gesagt hat. Was hat sie damit nur gemeint?

Zu Hause hängt Tobias den Piratenkalender über sein Bett. Ganz alleine kann er schon den Nagel in die Wand schlagen. Das hat er von seinem Opa gelernt. Stolz betrachtet Tobias den Kalender. Er sieht ganz toll aus, findet er. Die Piratenflagge mit dem Totenkopf. Die wilden Seeräuber auf dem Schiff. Und vorne im Wasser sieht man sogar eine Haifischflosse!
Da kommt Maja ins Zimmer, Tobias' ältere Schwester.

»Wo hast du denn den Kalender her?«, fragt sie.

»Den hat mir Tante Claudia gekauft«, antwortet Tobias.

Maja verzieht das Gesicht. »Mein Adventskalender ist aber viel schöner.«

In Majas Zimmer hängt auch ein Adventskalender. Er ist bunt wie ein Regenbogen – mit vielen glitzernden Schneeflocken. So ein Mädchen-Kalender wäre gar nicht nach Tobias' Geschmack!

Tobias kann es gar nicht erwarten, das erste Türchen an seinem Kalender aufzumachen. Am 1. Dezember ist es endlich so weit. Tobias kniet sich gleich nach dem Aufwachen aufs Bett und sucht nach dem Türchen mit der »1«. Es ist im Schiffsbauch. Als Tobias das Türchen aufmacht, grinst ihn ein Pirat mit einer schwarzen Augenklappe frech an.

»Cool!«, sagt Tobias.

Im Kindergarten wird heute für das Krippenspiel geübt. Tobias darf einen Hirten spielen. Er findet Schafehüten aber langweilig. Viel lieber wäre er ein Pirat – aber Piraten gibt es beim Krippenspiel leider nicht.

Als Tobias vom Kindergarten nach Hause kommt, läuft er als Erstes in sein Zimmer und schaut nach seinem Piratenkalender. Komisch! Hinter dem geöffneten Türchen ist nur noch ein weißer Fleck. Der Pirat ist weg! Wie kann das sein?

Eigentlich darf man ja die anderen Türchen am Kalender noch nicht aufmachen, aber jetzt öffnet Tobias ein Türchen nach dem anderen. Er sieht einen rostigen Anker, einen Seestern, ja sogar eine Schatzkiste. Aber keinen Piraten! Tobias reibt sich die Augen. Hat er sich das mit dem Piraten heute Morgen vielleicht nur eingebildet? Oder steckt Maja dahinter und ist schuld an dem weißen Fleck?

Doch dann vergisst Tobias die Sache, denn Opa und Oma kommen zu Besuch. Das ist immer sehr schön.

Am nächsten Tag vermisst Tobias seinen neuen blauen Radiergummi, der aussieht wie ein Delfin. Ob Mama ihn vielleicht aus Versehen mit dem Staubsauger aufgesaugt hat?

Am folgenden Tag sucht Tobias seinen Schlüsselanhänger mit der schwarzen Fledermaus. Weg! Sosehr Tobias auch sucht, er kann die Fledermaus nirgends finden. Tobias ärgert sich.

Auch an den nächsten Tagen verschwinden Sachen über Nacht: ein goldener Schokoladentaler, ein Bleistiftspitzer und ein kleiner Plastiksaurier. Das kann doch nicht mit rechten Dingen zugehen!

Maja schwört, dass sie nichts damit zu tun hat.

Als auch noch Tobias' Fußball-Sammelbilder weg sind, hat Tobias genug. Er wird sich auf die Lauer legen und den gemeinen Dieb erwischen. Und wenn er die ganze Nacht wach bleiben muss!

Mama liest Tobias eine Weihnachtsgeschichte vor. Dann gibt sie ihm einen Gutenachtkuss und knipst das Licht aus.

Tobias starrt mit offenen Augen in die Dunkelheit. Er darf auf keinen Fall einschlafen!

Ob der Dieb durchs Fenster kommt? Oder ganz normal durch die Tür? Tobias lauscht mit klopfendem Herzen. Er hört, wie drüben im Wohnzimmer seine Eltern lachen. Aus Majas Zimmer kommt leise Musik. Draußen schlägt die Kirchturmuhr. Tobias ist so angespannt, dass er sich verzählt. Sind es neun Schläge? Oder sogar schon zehn?

Plötzlich raschelt es über ihm. Tobias hat das Gefühl, dass sich etwas an der Wand bewegt – dort, wo der Kalender hängt. Schnell knipst er die Taschenlampe an und richtet den Lichtstrahl auf das Piratenschiff.

Tobias traut seinen Augen nicht! Ein winzig kleiner Pirat mit einer schwarzen Augenklappe rutscht gerade am Mast herunter. Geblendet vom Lichtstrahl, hält sich der Pirat die Augen zu.

»Tu mir nichts!«, ruft er erschrocken. »Ich kann dir einen Schatz zeigen, wenn du willst.«

»Einen Schatz?«, fragt Tobias neugierig.

»Ja«, sagt der Pirat. »Fass an!«

Und er wirft Tobias einen Rettungsring zu. Der Ring landet auf der Bettdecke. Er ist so klein wie der Beißring von Tobias' kleiner Schwester, die gerade die ersten Zähne bekommt.

Tobias greift nach dem Rettungsring. Kaum hat er ihn angefasst, merkt er, wie er anfängt zu schrumpfen. Es dauert gar nicht lange, da ist Tobias so klein, dass er durch den Rettungsring passt.

Jetzt erscheinen noch andere Piraten an Bord. Gemeinsam ziehen sie Tobias hoch, bis er über die Reling klettern kann.

»Herzlich willkommen auf unserem Schiff«, sagt der Pirat mit der schwarzen Augenklappe. »Ich bin Bruno Bartlos, der schrecklichste aller Weihnachtspiraten!«

»Ich hab's schon gemerkt«, meint Tobias. »Du klaust mir jede Nacht meine Sachen, stimmt's?«

Bruno Bartlos wird rot. »Piraten klauen eben. Sie heißen nicht umsonst Seeräuber. Und du hast dir den Piratenkalender ja ausgesucht.«
»Ich will meine Sachen aber wiederhaben«, verlangt Tobias.
»Komm erst mal mit«, sagt Bruno.
Er führt Tobias durch das ganze Schiff. Tobias sieht, dass zwei Piraten auf seinem Delfin-Radiergummi sitzen. Sein Bleistiftspitzer dient als Abfalleimer. Die schwarze Fledermaus ist an der Vorderseite des Schiffs angebracht und ist jetzt die Galionsfigur. Und mit den schönen Fußballbildern haben die Piraten ihre Kajütenwände tapeziert!
»Frechheit«, sagt Tobias und schüttelt den Kopf. »Das kommt alles zurück, aber dalli!«

Im Bauch des Schiffs befindet sich die Schatzkiste. Sie ist bis zum Rand gefüllt mit Gold und Edelsteinen. Tobias' Plastiksaurier steht daneben und bewacht die Kiste.

»Der gehört auch mir«, sagt Tobias und deutet auf den Saurier.

Bruno verzieht das Gesicht. »Den kriegst du ja wieder«, brummt er. »Wir haben ihn nur ein bisschen ausgeborgt.« Er macht den anderen Piraten ein Zeichen. Murrend tragen sie alles zusammen, was sie Tobias geklaut haben, und werfen die Sachen über Bord – auf Tobias' Bett.

»Okay«, sagt Tobias zufrieden. »Und jetzt will ich auch wieder zurück.«

»Willst du nicht mit uns auf große Fahrt gehen?«, fragt Bruno. »Wir könnten dir die Totenkopfinseln zeigen oder das Teufelsmeer …«

Tobias schüttelt den Kopf. »Lieber nicht.«

Bruno zuckt mit den Schultern. »Ganz wie du willst.«

Die Piraten lassen Tobias mit dem Rettungsring hinunter. Tobias ist froh, als er wieder im Bett liegt. Während die Piraten den Ring hochziehen, merkt Tobias, dass er wieder seine normale Größe hat. Gott sei Dank!

Und er hat auch all seine Sachen wieder.

»Ahoi!«, rufen die Piraten und winken Tobias ein letztes Mal zu. Dann wird es endlich still an Bord.

Am nächsten Tag hängt Tobias den Piratenkalender ab und versteckt ihn im Keller. Dann kauft er sich im Supermarkt einen glitzernden Adventskalender mit verschneiten Tannenbäumen.

»Wo ist denn dein schöner Piratenkalender?«, fragt Tante Claudia bei ihrem nächsten Besuch. »Den habe ich in den Keller gebracht«, sagt Tobias. »Er hat mir dann doch nicht mehr so gefallen.«

Er überlegt, ob er ihr erzählen soll, was er mit den wilden Piraten erlebt hat.

Aber Tante Claudia wird ihm diese Geschichte bestimmt nicht glauben.

Und du?

Dimiter Inkiow
Der Weihnachtswunsch

»Möchtest du nicht meine Stiefel tragen?«, fragte mich vor Kurzem Klara.
Ich wunderte mich sehr darüber und fragte: »Warum?«
»Weil ich will, dass sie endlich kaputtgehen.«
»Aber was wird Papa dazu sagen?«
Sie flüsterte: »Er wird mir neue kaufen.«
»Er wird aber nie erlauben, dass ich deine Stiefel trage«, erwiderte ich.
»Du wirst sie heimlich tragen. Immer wenn du Fußball spielst. Bis sie kaputtgehen. Wenn ich nicht bald so schöne rote Stiefel kriege wie Petra, werde ich sterben. Ehrenwort!«
Ich wollte nicht, dass meine Schwester Klara stirbt, weil ihre alten Stiefel nicht kaputtgehen, und ich sagte: »Gut, ich werde deine Stiefel tragen, und ich verspreche dir, dass ich sie in einer Woche kaputt mache. Du kennst mich ja.«
»Du bist ein Schatz!«, sagte sie.
Sofort zog ich Klaras Stiefel an, aber sie waren mir viel zu groß. So groß, dass sie wie Clownsschuhe schlappten. Dreimal bin ich damit hingefallen.
Klara sagte: »Wie ist es möglich, dass du so kleine Füße hast?«
Ich sagte: »Und deine sind viel zu groß.«
»Wegen so was werden wir uns doch jetzt nicht streiten«, erwiderte sie. »Hast du mir versprochen, meine Stiefel kaputt zu machen, oder nicht?«

»Doch.«

»Dann musst du sie auch tragen. Versprochen ist versprochen!«

Also musste ich die Stiefel wohl tragen. Ich zog sie aus und steckte zwei Taschentücher hinein. Aber das reichte nicht. Erst als ich eine ganze Zeitung hineingesteckt hatte, waren mir Klaras Stiefel nicht mehr zu groß. Jetzt begann ich endlich, Fußball zu spielen. Es ging. Ich spielte den ganzen Tag, aber Klaras Stiefel gingen nicht kaputt, was uns beide sehr ärgerte. Jeden Mittag, wenn Klara aus der Schule kam, schaute sie sich ihre Stiefel an und jammerte: »Scheußliche Stiefel! Sie gehen einfach nicht kaputt. Ich hasse sie!«

»Ich hasse sie auch schon. Aber was soll ich machen?«

»Wenn sie nicht kaputtgehen, werde ich nie neue Stiefel bekommen. Nie! Und dann sterbe ich! Du wirst es sehen!«

Ich wollte nicht, dass meine Schwester Klara wegen ihrer alten Stiefel stirbt, und spielte tüchtig weiter Fußball und steckte immer neue Zeitungen hinein. Aber die Stiefel waren wie aus Stahl. Am Ende waren meine Füße kaputt, aber nicht Klaras Stiefel.

»Weißt du, Klara«, sagte ich ganz niedergeschlagen, »wenn Papa dir keine Stiefel kauft, warum schreibst du dann nicht an unsere Ulmer Oma? Mama sagte, wir sollen ihr einen Zettel schicken mit unseren drei größten Weihnachtswünschen. Ich wünsche mir einen Fußball, bunte Filzstifte und ein Bilderbuch. Und du solltest dir dann nur rote Stiefel wünschen. Rote Stiefel als ersten Wunsch, rote Stiefel als zweiten Wunsch und rote Stiefel als dritten Wunsch. Dann wirst du deine roten Stiefel bekommen.«

»Das glaube ich nicht.«

»Warum denn nicht?«

»Weil rote Stiefel sehr teuer sind. Petra hat es mir schon gesagt.«

»Dann schreib doch auch an die Berliner Oma. Sie soll dir den linken Stiefel schenken und die Oma aus Ulm den rechten. Wie findest du das?«

»Das ist gar keine schlechte Idee«, sagte Klara. »Mensch, du bist gar nicht so blöd, wie du aussiehst.«

Sie lief schnell in ihr Zimmer und versteckte sich dort, um die Briefe zu schreiben. Und ich schaute in den Spiegel, um zu sehen, ob ich wirklich so blöd aussehe, wie sie sagte. Den ganzen Nachmittag schrieb Klara an ihren Briefen. Man konnte denken, sie schrieb einen Roman. Erst am Abend war sie fertig. Sie hatte die Briefe schön mit Herzchen und Blümchen verziert. Und ihr Zimmer sah aus wie ein Schlachtfeld.

»Willst du nicht Malerin werden?«, fragte ich Klara. »Du malst so schön.«

»Ich will erst meine roten Stiefel haben. Dann werden wir sehen.«

»Was hast du denn in den Briefen geschrieben?«

»Ganz einfach: An die Ulmer Oma habe ich geschrieben, dass ich von ihr einen rechten Stiefel möchte, und an die Berliner Oma habe ich geschrieben, dass ich von ihr einen linken Stiefel möchte. Sie müssen rot und italienisch sein. Dann werden sie zusammenpassen.«

»Gut«, sagte ich, »aber wenn der eine größer ist als der andere? Oder wenn sie beide zu klein sind? Schuhe und Stiefel muss man immer anprobieren. Das kannst du nicht. Du kannst ja nicht mit einem Fuß in Berlin sein und mit dem anderen in Ulm. Wie soll das gehen?«

»Doch«, sagte Klara und legte beide Briefe mit der Rückseite auf den Boden. Dann zog sie ihre Schuhe aus und stellte sich in Strümpfen mit dem Fuß auf einen Brief und sagte: »Gib mir einen Filzstift!«

Ich gab ihr sofort einen roten Filzstift, und sie zog einen Strich um ihre Füße.

»So«, sagte sie, »jetzt kann kein Fehler passieren. So groß muss jeder Stiefel sein.«

Mensch, Klara ist wirklich klug. Jetzt brauchten wir nur noch zwei Briefumschläge. Nachdem wir sie gefunden hatten, hat Klara aus Mamas Adressbuch die Anschriften der beiden Omas abgeschrieben. Sie brauchte dafür den ganzen Nachmittag, wegen der kleinen Buchstaben, die sie auf die Briefumschläge schreiben musste. So kleine Buchstaben kann Klara noch gar nicht richtig schreiben.

Erst am übernächsten Tag – ganz ermattet von der Arbeit – war Klara mit allem fertig. Jetzt brauchten wir nur noch zwei Briefmarken, um die Briefe abschicken zu können. Drei Eurostücke haben wir heimlich mit einem Messer aus unserem Sparschwein geholt. Und dann schlichen wir zur Post um die Ecke. Das war alles so aufregend, dass ich zu Klara sagte: »Wenn ich schreiben kann, werde ich dir jeden Tag einen Brief schreiben.«

»Gut«, sagte sie, »ich bekomme Briefe sehr gern.«

Jetzt brauchten wir nur noch auf Weihnachten zu warten. Und das war noch aufregender, weil wir nicht wussten, ob von der Oma aus Berlin ein linker Stiefel und von der Oma aus Ulm ein rechter Stiefel kommt. Und was würde die arme Klara machen, wenn sie nur einen Stiefel bekommt?

Dann würde es sicher einen großen Jammer geben.

Wir warteten und warteten, und plötzlich kam ein Paket aus Berlin. Aber ob auch eins aus Ulm kam, haben wir nicht gesehen, weil Mama die Pakete immer sofort versteckte, und wir konnten sie nicht finden.

»Die kommen unter den Weihnachtsbaum«, sagte sie.

So mussten wir warten und hatten den schrecklichen Verdacht, es wäre nur der linke Stiefel gekommen, weil die Berliner Oma mehr Geld hatte.

Endlich war es so weit. Die Pakete lagen unter dem Weihnachtsbaum. Klara hüpfte vor Ungeduld von einem Bein aufs andere.

Ich bekam vor Aufregung einen Schluckauf.

Dann sagte Mama: »Jetzt könnt ihr die Pakete öffnen.«

Und wir stürzten uns darauf. Ich habe von der Berliner Oma einen Fußball bekommen und Filzstifte von der Oma aus Ulm.
Und was meint ihr, was Klara bekommen hat?
Sie hat drei Paar rote Stiefel bekommen: ein Paar von Papa und Mama, ein Paar von der Berliner Oma und ein Paar von der Ulmer Oma.
Sie freute sich, lachte und sagte zu mir: »Na, das ist ja eine schöne Überraschung!«

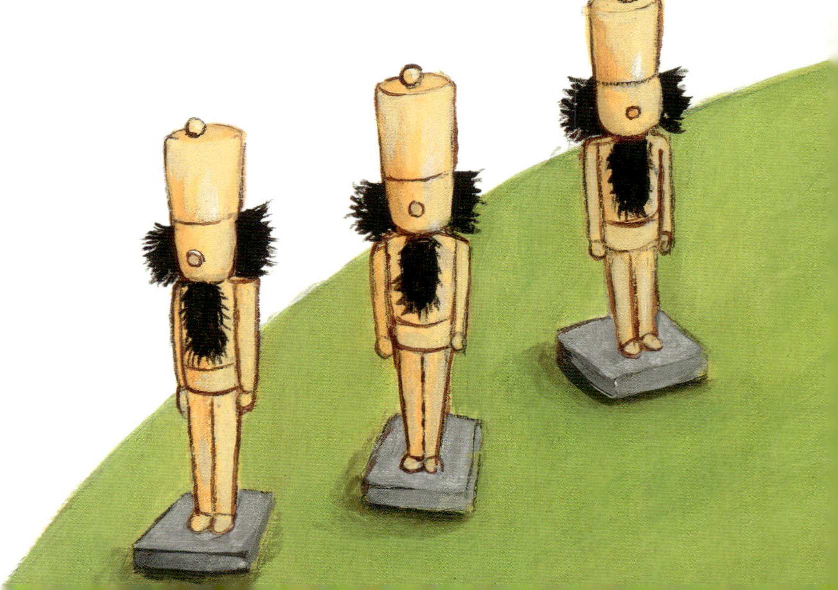

Von Nussknackern, Schneemännern und Weihnachtsengeln

Sybil Gräfin Schönfeldt
Der Bäckerengel

Im Sommer hatte er viel freie Zeit. Tagelang schwebte er im Blauen und starrte nach unten. Ihm gefiel die Erde, die er nicht kannte, weil er ein Engel war.

An einem Wintertag passte er nicht auf. Der Sturm fegte ihn von einer Wolke, und ehe er seine goldenen Flügel ausbreiten konnte, waren sie ihm abgerissen. Er stürzte durch Regen und Schneetreiben ab, in ein Tannendickicht, und dort blieb er betäubt liegen.

Als er erwachte, fror er in seinem Engelshemd. Er spürte kalte, harte Steine unter seinen Sohlen, splittriges Eis zerschnitt die zarte Haut, er setzte vorsichtig einen Fuß vor den anderen, musste um sein Gleichgewicht kämpfen, stürzte immer wieder auf die grobe Erde, empfand zum ersten Mal Schmerzen, konnte aber nicht weinen, weil er noch keine Tränen hatte.

Er schob sich aus dem Tannendickicht, und sein dünnes Hemd zerriss. Er schaute nach oben, aber die Schneeflocken wirbelten so dicht, dass er keinen Himmel sah. Er hob die Arme. Er stieß sich mit den Füßen ab, reckte sich in die Höhe, aber nichts geschah, kein leichtes, rauschendes Gefühl des Schwebens.

So ging er den Waldweg weiter, zwischen verschneiten Stoppelfeldern hindurch, bis er die Dächer eines Dorfes hinter den Hecken sah. Er spürte die Wärme zwischen den Mauern und lief schneller über den weichen, glatten Schnee.

Hinter der ersten Scheune bauten Kinder einen Schneemann. Als sie den Engel in seinem zerfetzten Hemd sahen, starrten sie ihn zuerst schweigend an, dann lachten sie und verspotteten ihn. Er verstand aber nicht, was sie schrien. Sie warfen mit Schneebällen nach ihm, und er floh. Die Kinder rannten hinter ihm her und schrien noch lauter.

Er lief um die Scheune herum, wieder aus dem Dorf hinaus, doch vor dem letzten Haus strauchelte er, und die Kinder holten ihn ein und stießen ihn zu Boden.

Da ging die Tür auf, und eine Frau trat heraus, um nachzuschauen, was das für ein Lärm wäre. Als sie den Engel im Schnee sah, scheuchte sie die Kinder davon und hob den Engel auf. Ihr war im Sommer ein Sohn gestorben, der nicht viel größer gewesen war, und sie gab dem Engel seine Kleider, zeigte ihm seine Kammer und sein Bett und kochte ihm eine Suppe.

Ihrem Mann gefiel das fremde Kind auch, und so blieb der Engel bei ihnen. Er lernte Wort für Wort ihre Sprache, und dann befreundete er sich auch mit den anderen Kindern. Er sagte jedoch nie, woher er gekommen war.

So verging der Winter, und der Engel sah den Schnee schmelzen, hörte den Regen auf die Schollen prasseln, ging hinter dem Mann aufs Feld und führte das Pferd beim Säen und beim Eggen. Er half der Frau im Garten umgraben und Zwiebeln setzen, sah die Blumen aus der Erde wachsen, zupfte das Unkraut, und wenn mittags und zur Vesperzeit die Glocke läutete, wenn er sich sonntags zwischen den Mann und die Frau auf die Kirchenbank setzte, erfüllte ihn eine unbestimmte Erwartung. Aber nichts geschah.

Er hörte die Sommergewitter grollen, sprang mit den anderen Kindern über das Johannisfeuer, schüttelte mit ihnen Pflaumen und pflückte im Wald Beeren und Haselnüsse.

Wenn er zu der Stelle im Tannendickicht kam, blieb er stehen und schaute empor. Er sah blauen Himmel, er sah Regenwolken, er sah einmal eine blasse Mondscheibe, und wenn er ein Mensch gewesen wäre, hätte er vor Sehnsucht geweint.

Dann wurden die Tage kürzer, morgens hing ein Dunst über den Wiesen, und der Mann und der Engel pflückten die letzten Birnen und Äpfel. Die dicksten legte die Frau in die Ofenröhre, und wenn sie das heiße, weiche, süße Fleisch gegessen hatten, zog die Frau den Engel auf den Schoß und erzählte mit leiser Stimme: Es war einmal …

Der Engel lauschte den Geschichten, aber er fragte niemals: Was ist ein Riese? Was ist ein Zwerg? Was ein Löweneckerchen? Er saß gern auf dem Schoß der Frau, schaute gern in die rote Glut und hörte gern die leise, sanfte Stimme. Als es kälter wurde, als alles Laub von den Bäumen gefallen war, begann er zu backen, wie er es zu dieser Jahreszeit gewohnt war. Die Frau erlaubte es ihm, weil sie ihm die Freude lassen wollte. Sie schaute seinen kleinen Händen zu, die vor Eile und Eifer silbern glänzten und sonderbar leicht mit dem Teig verfuhren. Sie half ihm die ersten Lebkuchen auf ein Blech zu legen, und als sie gebacken waren, kostete sie ohne große Erwartung davon. Doch das Gebäck zerschmolz ihr im Munde, und es schmeckte besser als alles, was sie je in ihrem Leben gegessen hatte. So backte er bald voller Vergnügen für die ganze Nachbarschaft und für alle seine Freunde.

In einer Winternacht pochte es an die Tür, und als die Frau öffnete, trat ein weißbärtiger Mann ein.

Er sagte, er habe den Weg verloren, und die Frau hielt ihn für einen Reisenden und bot ihm den Platz am Ofen an.

Der Engel jedoch, der durch den Spalt der Küchentür lugte, erkannte, wer es war: Knecht Ruprecht.

Der Knecht trank heißen Pfefferminztee und biss in ein Stück vom Engelsgebäck. Erstaunt blickte er auf und fragte: »Woher hast du den Kuchen?«

»Mein Junge hat ihn gemacht«, erwiderte die Frau und zog den Engel in die Küche. Er blieb stumm vor dem Knecht stehen und wagte nicht aufzublicken.

Der Knecht beugte sich vor, schaute ihm ins Gesicht und sagte dann: »Du bist der Bäckerengel, den ich suchen soll.«

»Ja«, antwortete der Engel, »nimmst du mich wieder mit?«

Der Knecht nickte, doch da warf sich der Engel der Frau an den Hals und brach in Tränen aus. »Ich war so gern bei dir«, schluchzte er.

Sie verstand nicht, was geschehen war, und der Knecht berichtete, wen sie ein Jahr lang als einen Sohn beherbergt hatte.

Da küsste sie den Engel und sagte: »Freu dich, mein Kind, dass du heimkehren kannst. Ich bleibe ja nicht allein zurück, und wir behalten dich lieb und werden unser Lebtag an dich denken.«

Er schaute den Mann an, und als er auch nickte, bedankte sich der Engel bei den beiden, ergriff Knecht Ruprechts Hand und trat mit ihm aus dem Hause.

Als sie ein paar Schritte gegangen waren, brach ein Licht wie ein Weg aus der Nacht, und sie betraten diese Straße und gingen zurück in den Himmel.

Petra Steckelmann
Sir Wally Krackerdeen

Gedämpftes Kettenrasseln drang durch das dicke Gemäuer des Kellergewölbes bis hinauf in den Schrank im Speisezimmer, in dem Sir Wally Krackerdeen bis eben vor sich hin geschlummert hatte. Jetzt horchte der Nussknacker auf: »Aha, das Schlossgespenst ölt seine rostigen Ketten, damit ihr Quietschen am Weihnachtsabend die Enkelkinder des Lords nicht erschreckt! Los geht's, Zeit, die Beißer zu trainieren«, murmelte er und klapperte behutsam mit seinen großen weißen Zähnen. Kein Wunder, dass sein Kiefer knarrte und knirschte! Schließlich hatte er fast das ganze Jahr lang untätig in der untersten Schublade gelegen.

Sir Wally Krackerdeen kraxelte aus dem Schrank und nieste, als die Spinne, deren Netz er dabei zerrissen hatte, ihm empört auf die Nase hüpfte. Mit einer schnellen Handbewegung scheuchte er sie weg und sah an sich herunter.

»Puh, bin ich eingestaubt!«, stöhnte er, rieb mit dem Ärmelsaum die goldenen Knöpfe seiner roten Jacke blank und strich mit den Händen die Falten an seiner hellen Hose glatt. Dann streckte er knarrend seine müden Gelenke und stapfte, noch etwas hölzern, los. Als Erstes stand die jährliche Erkundung des Schlosses an.

Auf seinem Weg in die Küche sah er einen der Diener mit einem Poliertuch durch das Schloss huschen. Die silbernen Lüster im Kaminzimmer funkelten bereits festlich. Der Hausdame winkte Sir Wally Krackerdeen kurz zu, als sie für eine Sekunde das Bohnern der Treppe unterbrach. In allen Ecken und Winkeln des Schlosses raschelte es geschäftig. Die Luft, die durch die alten Mauern zog, roch nach Zimtsternen und Bohnerwachs.

Ach, dachte Sir Wally Krackerdeen, Weihnachten ist doch was Schönes!
Sir Wally Krackerdeen verbeugte sich feierlich vor der vornehmen Standuhr, die lautstark den feierlichen Gong einstudierte, der am Heiligen Abend um Punkt siebzehn Uhr das Weihnachtsfest einläuten sollte. Alles war wie jedes Jahr kurz vor dem Eintreffen der herrschaftlichen Enkelkinder. Alles stand an seinem Platz, und jeder tat, was er um die Weihnachtszeit immer tat.
Nur der Sack mit den Nüssen stand nicht wie üblich an der Treppe, die zur Küche hinunterführte, wie Sir Wally Krackerdeen betrübt feststellte, als er die Eingangshalle durchquert hatte. Verwundert sah er sich um. »Seltsam«, dachte er, »sonst ist auf den Sohn der Köchin doch immer Verlass. Es gab nicht ein Jahr, in dem er die Nüsse nicht rechtzeitig eingesammelt und hier vor die Treppe gestellt hätte. Seltsam, überaus seltsam!«

Drei lange Tage wartete Sir Wally Krackerdeen auf dem Treppenabsatz auf den Jungen mit den Nüssen. Er fing an, sich ernsthaft Sorgen zu machen.
»Was mach ich nur, wenn ich nicht rechtzeitig mein Beißwerkzeug in Schwung bringen kann?«, murmelte Sir Wally Krackerdeen. »Diese Blamage, wenn ich diese superharten Paranüsse nicht geknackt kriege, mit denen Ben und Betty mir jedes Jahr auf die Nerven gehen! Was für eine Schande!«
Sir Wally Krackerdeen tupfte die Schweißperle ab, die unter seiner Pelzmütze hervorkroch.
Auch am nächsten Tag brachte der Junge den Sack mit den Nüssen nicht. In seiner Verzweiflung versuchte Sir Wally Krackerdeen, seinen Kiefer mit zwei, drei kräftigen Bissen auf eine Glasmurmel gelenkig zu machen, die er unter der Treppe gefunden hatte. Der letzte Biss auf die Murmel kostete ihn einen seiner

kräftigsten Backenzähne. Und der Zimtstern, den die Köchin ihm zum Kosten zugesteckt hatte, schmeckte zwar vorzüglich, verklebte ihm aber bloß die Zähne.
Am späten Abend beschloss Sir Wally Krackerdeen, dass er etwas unternehmen musste. Der Weihnachtsabend rückte unaufhaltsam näher, und die Diener des Hauses guckten ihn schon schief an. »Haben Sie nichts zu tun, Sir?«, fragte ihn sogar das Dienstmädchen, als es die Gemüseplatte aus dem Speisezimmer in die Küche trug.
»Natürlich! Doch, sicher, ich habe etwas zu tun!«, antwortete er empört.
»Vielleicht finde ich noch ein paar Nüsse im Garten«, dachte er und verließ seinen Wachposten. Entschlossen stieg er die Treppe zur Küche hinab und eilte grußlos an der Köchin vorbei, die gedankenversunken in einer großen Schüssel Vanillesoße anrührte. Der köstliche Duft von Bratäpfeln stieg ihm in die Nase. Sir Wally Krackerdeen lief das Wasser im Mund zusammen.
»Mhmh, saftige Bratäpfel mit brauner Kruste und heißer Vanillesoße! Das ist schon was Feines!«, murmelte er und rieb sich genüsslich den Bauch. »Später, später! Jetzt gibt es Wichtigeres zu tun!«
Seufzend entfloh er den Verlockungen der Schlossküche und eilte durch den Nebeneingang hinaus in den Schlossgarten.
Leicht fröstelnd stand er zwischen den Beeten und starrte verloren in die dunkle Nacht. Die Wolke, die den Mond verdeckte, verzog sich, und sanftes Licht fiel auf den Schnee, der sich in einer dünnen Schicht über die gefrorenen Beete gelegt hatte. Aber nicht nur der Schnee glitzerte bläulich. Auch von den hohen Nussbäumen ging ein magischer Glanz aus.
Sir Wally Krackerdeen ließ sich von diesem Zauber nicht beeindrucken. Jetzt sah er den Grund für sein Problem! Die Bäume trugen alle noch ihre Nüsse, die schneebedeckt in den blätterlosen Baumkronen glänzten wie kleine Christbaumkugeln.
»So geht das aber nicht!«, sagte Sir Wally Krackerdeen und stampfte mit dem Fuß auf. »Ihr könnt doch nicht einfach eure Früchte behalten! Sie sind längst reif und sollten im Sack vor der Treppe stehen! Los, los, werft sie endlich ab!«

Der mächtige Walnussbaum knarrte mit seinen Ästen und antwortete gemächlich: »Oh nein! Wir denken gar nicht daran! Unsere Nüsse sind so schön, wenn sie, von Schnee bedeckt, wie Diamanten funkeln. Ben und Betty werden am Weihnachtsabend mit offenem Mund unter unseren Zweigen stehen und sagen: ›Sieh nur, wie schön die Nussbäume glitzern und funkeln!‹« Der alte Walnussbaum wiegte seine Krone. »Und hör nur, der wundervolle Klang der Nüsse, wie er durch die Winterluft tönt. Klack, Klickklick, Klack! Schön, nicht wahr? Vielleicht singen sie ja sogar ein Lied mit uns. Und jetzt kommst du dahergelaufen und möchtest unsere Nüsse. Aber nicht in diesem Jahr, nicht wahr, liebster Haselnussbaum?«

»Ja, dieses Weihnachten bleiben unsere Nüsse, wo sie sind«, antwortete der Haselnussbaum und schwang seine Äste. Der helle Klang der Haselnüsse vermischte sich mit dem dumpfen Klacken der Walnüsse. Und der Erdnussstrauch rasselte leise im Hintergrund, während die Paranüsse leicht wackelig den Takt dazu schlugen.

Sir Wally Krackerdeen schob seine Pelzmütze von den Ohren.

»Gar nicht schlecht«, dachte er und lauschte der Melodie der sich im Wind wiegenden Äste, bis sich ein dicker Eiszapfen vom Dachfirst löste und das Konzert der Bäume mit klirrendem Getöse beendete.

Sir Wally Krackerdeen erschrak fürchterlich. Das Konzert der Bäume verhallte, und sie standen wieder still und steif da. Ein einsames Käuzchen rief in der Ferne. Der Zauber war vorbei.

»Papperlapapp!«, sagte Sir Wally Krackerdeen und schob seine Mütze wieder über die Ohren. »Jetzt wird es wirklich Zeit, dass ich meinen Kiefer trainiere! Gebt mir endlich ein paar Nüsse!«

»Tut mir leid, Sir Wally Krackerdeen, nicht in diesem Jahr, vielleicht wieder im nächsten«, sagte der Haselnussbaum.

»In diesem Jahr wollen wir uns von Ben und Betty ebenso bewundern lassen wie in den vorigen Jahren der Weihnachtsbaum im Schloss«, sagte der Walnussbaum.

»Ach, ich verstehe euch ja, aber woher soll ich jetzt Nüsse bekommen?« Nachdenklich kratzte sich Sir Wally Krackerdeen den Bart. »Mit euch kann ich wohl nicht mehr rechnen, was? Na, ich finde schon irgendwo ein paar Nüsse«, hoffte er und klopfte sich den Schnee von den Schultern, der von den Ästen auf ihn gefallen war.

Sir Wally Krackerdeen ließ die Nussbäume und den Schlossgarten hinter sich. Mit staksigen Schritten tappte er durch die einsame Winternacht. Am Himmel sah er die Schneeflocken tanzen und hörte ihr leises Kichern. Ab und zu huschte ein Weihnachtself durch die dichten Schneewolken, der die letzten Wunschzettel der Kinder einsammelte. »Die haben es auch nicht leicht«, dachte Sir Wally Krackerdeen. »Die armen Weihnachtselfen, sie haben so viel zu tun.«

Sir Wally Krackerdeen setzte sich an den Wegrand und verschnaufte. Er war traurig. Niemand brauchte einen Nussknacker, wenn es keine Nüsse gab.

»Nutzlos, ich werde nutzlos sein«, schniefte er.

Doch plötzlich sauste etwas vom Himmel herab und landete direkt neben ihm. Der Schnee wurde aufgewirbelt, und Sir Wally Krackerdeen versank bis zur Nasenspitze darin. Mühsam schaufelte er sich frei und staunte nicht schlecht, als er vor sich einen Weihnachtself sitzen sah. Um ihn herum lagen unzählige Briefe, die aus seinem Beutel gefallen waren, und die Mütze mit den Glöckchen lag daneben im Schnee. Über den schmutzigen, zerrissenen Ringelstrumpf, aus dem neckisch der große Zeh des Elfen hervorblitzte, sah Sir Wally Krackerdeen großzügig hinweg.

»Was ist denn mit dir passiert?«, fragte Sir Wally Krackerdeen und beugte sich über den Elf, dem drei Tränen über die spitze Nase kullerten.

»Zu dumm, ich hatte einen Zusammenstoß mit einem Schutzengel. Ich konnte nichts dafür, ehrlich! Der Engel zischte, sozusagen im Blindflug, an mir vorbei.« Mit spitzen Fingern pflückte der zerzauste Elf drei kleine Federn von seiner Schulter und fuhr fort: »Er hat mich gerammt und aus der Flugbahn geworfen. Einfach so. Und Zeit für eine Entschuldigung hatte er auch nicht. Ach, sogar Schutzengel sind heutzutage nicht mehr so umsichtig, wie sie einmal waren.«

»Na komm, jammer nicht, ich helf dir wieder auf die Beine«, sagte Sir Wally Krackerdeen und bot dem Weihnachtself seinen Arm an.

»Ach, nun ist es sowieso zu spät, ich werde meine Arbeit nicht mehr schaffen, und viele Kinder werden ohne Geschenke und mit langen Gesichtern unter dem Weihnachtsbaum sitzen und auf mich schimpfen.«

»Papperlapapp!«, sagte Sir Wally Krackerdeen und hob den Beutel mit den verbliebenen Wunschzetteln auf. »Ich helfe dir, ich werde sonst sowieso nirgendwo mehr gebraucht.«

»Nicht?«, wunderte sich der Elf abwesend und warf einen Blick auf seinen zerrissenen Socken. »Hoffentlich sieht mich keiner der anderen Weihnachtselfen, so schmutzig, wie ich bin.«

Gemeinsam sammelten der Elf und Sir Wally Krackerdeen die verstreuten Wunschzettel ein. Bevor der Elf wieder abflog, fragte er den Nussknacker dann doch noch: »Warum wirst du nicht gebraucht?«

Sir Wally Krackerdeen erzählte dem Elf von seinem Problem mit den widerspenstigen Nussbäumen.

»Na, da fällt mir doch bestimmt etwas ein! Warte hier, ich bring nur schnell die Wunschzettel weg!«, sagte der Elf, schnappte sich seinen Beutel, und weg war er.

Geschlagene drei Stunden saß Sir Wally Krackerdeen schon im Schnee. »Warten, Warten, Warten – mein Leben besteht nur aus Warten. Mein armer Kiefer ist schon ganz steif vor Kälte«, bibberte er zähneklappernd.

Endlich hörte er die Glöckchen des Elfen aus der Ferne näher kommen. »Hey, wo hast du so lange gesteckt?«, fragte er ihn vorwurfsvoll.

»Schimpf nicht, ich hab was für dich!«, sagte der Elf und schwenkte stolz einen kleinen Beutel vor Sir Wally Krackerdeens rot gefrorener Nase hin und her. »Die Nüsse sind zwar mit

goldener Farbe bekleckst, aber andere konnte ich auf die Schnelle … nicht mehr auftreiben. So kurz vor dem Fest … na ja, du weißt ja, die Vorbereitungen sind fast abgeschlossen. Die hab ich extra für dich aus der Weihnachtswerkstatt stibitzt … äh, geholt. Pst, verrate es niemandem!«, flüsterte der Elf verschwörerisch.
»Und was ist mit dem großen Sack, den du auf dem Rücken trägst?«, wollte Sir Wally Krackerdeen wissen.
»Da sind die Nüsse für Ben und Betty drin, die sollen schließlich nicht leer ausgehen«, antwortete der Elf und düste in Richtung Schloss davon.
Stolz trug Sir Wally Krackerdeen den Sack mit den Nüssen nach Hause. Ab und zu machte er eine kurze Pause und knackte beherzt ein paar Nüsse.
»Yippi, mein Kiefer ist gar nicht so schwach, wie ich dachte!«, freute er sich.
»Sollen Ben und Betty mich ruhig mit den Paranüssen füttern, die schaffe ich mit der linken Backe!«

Viel Zeit blieb Sir Wally Krackerdeen nicht mehr. Als er durch den Lieferanteneingang schlich, dröhnte schon der feierliche Gongschlag der Standuhr durchs Schloss. Ding, Ding Dong, Ding Dong, Dong Dong.
»Oh nein, ich komme zu spät!« So schnell er konnte, stürmte er die Treppe hinauf und stolperte in das festlich geschmückte Kaminzimmer. Völlig außer Atem nahm er seinen Platz neben dem Teller mit den goldenen Nüssen ein.
»Hui, der Elf war aber sehr schnell!«, dachte Sir Wally Krackerdeen neidisch. Erwartungsvoll blickte er auf Ben und Betty, die mit rot glühenden Wangen unter dem Weihnachtsbaum knieten und eifrig ihre Geschenke auspackten. Sir Wally Krackerdeen strahlte so sehr, dass ein Goldkrümel, der zwischen seinen Zähnen stecken geblieben war, im Kerzenlicht aufblitzte.
»Guck mal, Betty, der alte Sir Wally Krackerdeen hat schon Gold in den Zähnen!«
Bevor Sir Wally Krackerdeen den Mund schließen konnte, hatte ihm der kleine Ben auch schon eine riesige Paranuss zwischen die Zähne gesteckt.

»Tatsächlich!«, staunte Betty. »Und, glaubst du, er schafft die Nuss noch, mit nur einem Biss, was meinst du?«
»Selbstverständlich«, dachte Sir Wally Krackerdeen empört, schloss die Augen und biss beherzt zu.
»Rums! Geschafft!«, freute er sich und jubelte innerlich.

Ben und Betty tätschelten Sir Wally Krackerdeen anerkennend die Mütze und teilten sich die Nuss, als aus dem Schlossgarten ein rhythmisches Klick, Klack, Klickedieklack schallte. Neugierig liefen die Kinder zum Fenster. Sir Wally Krackerdeen schlich hinterher und freute sich, als er die vertraute Melodie der Nussbäume hörte. Er winkte dem Schlossgespenst zu, das seinen warmen Platz am Kamin verließ und sich ebenfalls die Nase an der Fensterscheibe platt drückte.

»Komm schnell! Sieh nur, die Bäume glitzern und funkeln, viel schöner als der Weihnachtsbaum!«, rief Betty und zog ihren Bruder hinaus in den Garten.
Das Schlossgespenst flog eilig hinter ihnen her und rief Sir Wally Krackerdeen zu: »Unglaublich, hast du so etwas schon mal gesehen? Das hat es in meiner ganzen Zeit hier im Schloss noch nie gegeben!«
Unter dem blinkenden Sternenzelt wiegten sich die mächtigen Äste des Walnussbaums, und das harmonische Klickern und Klackern seiner Nüsse zog durch die kalte, klare Winternacht. Jetzt stimmten auch der Haselnussbaum und der Erdnussstrauch in die feierliche Melodie ein. Ben und Betty summten andächtig mit.

Lächelnd lauschte Sir Wally Krackerdeen der Musik, die den geheimnisvollen Zauber dieses besonderen Weihnachtsabends untermalte. Klack, Klickedieklick, Klickklack.

»Himmlich, himmlich! Sogar der Paranussbaum hält den Takt«, schwärmte Sir Wally Krackerdeen nuschelnd und pulte sich unauffällig ein kleines Stück der Paranuss aus dem Backenzahn. »Aber ich fürchte, ich muss trotzdem im nächsten Jahr ein ernstes Wort mit diesen eigenwilligen Musikanten reden, sonst stehe ich wieder ohne Nüsse da.«

Corinna Gieseler
Die Weihnachtsreise

Es war der 24. Dezember nachts um 24 Uhr. Mitten am Nordpol saß ein kleiner, sehr müder Weihnachtsengel in einer riesigen leeren Lagerhalle. Dort hatte er in den letzten Wochen jeden Tag und jede Nacht zusammen mit dem Weihnachtsmann gearbeitet. Der kleine Engel hatte Weihnachtspakete in alle Welt ausgetragen, vielen Kindern geheime Herzenswünsche erfüllt und so gut er konnte Frieden, Freude und Weihnachtsstimmung verbreitet.

Das war gar nicht so leicht, wie es sich anhört. Manchmal hatten die Leute, die der kleine Engel besuchte, einfach weitergestritten, weitertelefoniert oder weiter ferngesehen (meistens waren es die Erwachsenen).

Aber auch manche Kinder benahmen sich komisch: Sie rissen das Papier von ihren Weihnachtsgeschenken ab, warfen den Inhalt schon nach kurzer Zeit achtlos beiseite oder beschwerten sich, dass sie nicht das Richtige bekommen hatten. Und ein paar ganz merkwürdige Menschen hatten den Weihnachtsmann und seinen Begleiter heute nicht einmal ins Haus gelassen. In solchen Augenblicken fiel es dem kleinen Engel sehr schwer, ihnen höflich »Ein frohes Fest« zu wünschen.

Gerade eben waren sie von ihrer letzten Fahrt zurückgekehrt und hatten die sechs Rentiere ausgespannt. Jetzt saßen der kleine Engel und der Weihnachtsmann erschöpft auf einer umgestülpten Holzkiste am Fenster der Lagerhalle. Draußen fielen dichte Flocken. Ab und zu klingelte wehmütig eines der Rentierglöckchen.

»Langweilig, langweilig, langweilig«, sagte der kleine Engel matt. »Jedes Jahr das Gleiche. Und bald geht alles wieder von vorne los.«

Er zog laut die Nase hoch und schrieb »Weihnachten ist blöd!« auf die beschlagene Scheibe.

So etwas war in hundertundeinem Jahr noch nie vorgekommen!

Der Weihnachtsmann, der gerade in einen Zimtstern beißen wollte, den er in seiner Jackentasche gefunden hatte, erschrak.

»Was ist los mit dir?«, fragte er. »Bist du krank?«

Der kleine Engel presste seine heiße Stirn gegen die Fensterscheibe. Überall im Gesicht juckte es ihn. Auch sein linkes Ohr tat weh, deshalb hörte er schlecht.

»Nein, ich brauche keinen Schrank«, murmelte er. »Ich fühl mich nur so … alles ist so traurig …«

Mit einem Plumps kippte er seitwärts von der Kiste herunter.

Der Weihnachtsmann versuchte, so gut es ging, Erste Hilfe zu leisten. Nach einer Weile blieb ihm jedoch nichts anderes übrig, als den Koboldnotdienst zu rufen.

Der junge Kobold, der kurz darauf eintraf, untersuchte den kleinen Engel gründlich von oben bis unten.

»Tja, ein schwerer Fall von Heiligabend-Virus«, sagte er schließlich geschäftig. »Er hat alle Symptome: Tannennadelausschlag, Keksunverträglichkeit, Halleluja-Hörsturz – die ganze Palette …«

Der Weihnachtsmann knetete nervös seine Mütze zwischen den Händen.

»Er wird doch wieder gesund werden?«, fragte er.

Der Kobold kam frisch von der Kobold-Fachuniversität und hatte noch nicht viele Leute mit Heiligabend-Virus gesehen.

»Schwer zu sagen«, behauptete er deshalb einfach. »Vielleicht ist er in ein paar Wochen wieder auf den Beinen. Möglicherweise aber auch erst in einem halben Jahr.«

Der Weihnachtsmann raufte verzweifelt seinen langen weißen Bart. »Aber wie soll ich denn ohne ihn auskommen? In ein paar Tagen beginnen wir schon damit, die Geschenke fürs nächste Weihnachtsfest zu besorgen!«

Der Kobold war sehr jung und ein wenig respektlos. Er zuckte nur mit den Schultern, kritzelte etwas auf seinen Rezeptblock und drückte dem Weihnachtsmann den Zettel in die Hand. »Hier, lies das in Ruhe durch«, sagte er. »Und vielleicht solltest du es ebenfalls beherzigen, in deinem Alter. Die Krankheit ist nämlich ansteckend.«

Mit diesen aufmunternden Worten verschwand er.

Der Weihnachtsmann hatte überhaupt keine Erfahrung mit kranken Engeln. Ratlos betrachtete er den kleinen Patienten, der verlegen mit den Flügeln fächelte. »Was machen wir denn jetzt mit dir?«

Der Engel zeigte stumm auf das Rezept. Der Weihnachtsmann hielt das Blatt dicht an seine Augen und begann zu lesen.

Dort stand jedoch gar keine Medizin drauf.

»Mindestens acht Wochen absolutes weihnachtsfrei«, hatte der Kobold geschrieben. »Nicht an Geschenke denken, niemals ›O Tannenbaum‹ summen, keine Teilnahme an Krippenspielen usw. Ich empfehle eine Fernreise.«

»Verreisen!« Der Weihnachtsmann knüllte verärgert das Blatt zu einem Ball zusammen. »Ja, was denkt sich denn dieser freche Wicht? Der Weihnachtsmann ist unabkömmlich! Unersetzlich! Der kann nicht einfach mal so ein paar Wochen mit seinen Helfern in der Welt herumbummeln!«

Der Weihnachtsmann polterte noch eine Weile laut schimpfend in der Halle herum, bis er merkte, dass der kleine Engel in sein schmuddeliges Taschentuch schniefte. Sein Gesicht war mittlerweile über und über mit grünen Pickeln bedeckt (der Tannennadelausschlag!), und er hielt die Hand auf das schmerzende Ohr gepresst.

»Du hast wieder das W-Wort gesagt«, beklagte er sich. »Ich soll doch nicht mehr daran denken!«

Da endlich begriff der Weihnachtsmann, dass die Lage sehr ernst war.

Er stapfte in den Schnee hinaus und hatte ein längeres Gespräch mit den Rentieren. Die waren überhaupt nicht begeistert, als sie hörten, was er vorhatte, ließen sich aber maulend wieder anschirren. Der Weihnachtsmann packte ein Kissen, zwei Decken, drei Wärmflaschen und den kleinen Engel in den Schlitten. Er wickelte den Engel so fest ein, dass nur noch die Nasenspitze herausguckte. Sogar die eigene Zipfelmütze zog er ihm über die Ohren, nur damit sein kleiner Freund es schön warm hatte.

Dann stieg auch der Weihnachtsmann auf den Schlitten – und schon ging es los – quer über den frostig blauen Nordpolhimmel, schnurgeradeaus Richtung – ja, wohin denn eigentlich?

Als dem Weihnachtsmann klar wurde, dass er gar kein Ziel hatte, zog er die Zügel an und brachte den Schlitten mitten über dem Pariser Eiffelturm zum Stehen.

»Was ist denn jetzt schon wieder los?«, beschwerten sich die Rentiere und schielten böse auf das beleuchtete Paris hinab.

Der Weihnachtsmann kratzte sich den Bart. »Still! Ich muss überlegen, wo der kleine Engel am besten wieder gesund wird. Irgendwo, wo ihn nichts an Weihnachten erinnert.«

Die Rentiere steckten die Köpfe zusammen. Die hundert Lichter, die den Eiffelturm anstrahlten, flackerten leise.

»Wie wäre es mit Timbuktu?«, sagte dann eines von ihnen. »Das liegt, glaube ich, mitten in Afrika.«

»Oh ja, Afrika ist toll!«, sagte der kleine Engel unter seinem Deckenberg. Es klang schon nicht mehr ganz so matt.

»Oder wir fliegen in die Wüste Sahara!«, schlug ein anderes Rentier verträumt vor. »Vielleicht lernen wir dort an einer Oase ein paar nette Kamele kennen.«

Die Idee fand der kleine Engel noch viel besser. Er wollte unbedingt auf den Kamelen reiten.

»Nein, ich möchte an den Indischen Ozean, wegen der gesunden Seeluft«, warf das dritte Rentier ein.

»Also, wer ist hier nun krank, du oder ich?«, beschwerte sich der Engel empört. Ehe sie anfangen konnten zu streiten, nahm der Weihnachtsmann die Zügel wieder auf.

»Wir fahren einfach überall hin«, beschloss er. »Wir werden so lange unterwegs sein, bis der kleine Engel wieder an den Nordpol zurück kann.«

Es wurde eine wunderbare und sehr aufregende Reise.

Der kleine Engel besuchte die Beduinen in der Wüste Sahara (mit Kamelritt), wurde in der Nähe von Timbuktu am Ufer des Flusses Limpopo fast von einem Krokodil gefressen, fuhr Wasserski auf den Wellen des Indischen Ozeans, zeltete im Himalajagebirge und paddelte auf dem Amazonas durch den Urwald. Kein einziges Mal dachte er an Weihnachten, so spannend war jeder Tag. Seine Ohrenschmerzen waren wie weggeblasen. Langsam verschwanden auch die grünen juckenden Pickel im Gesicht.

»Meinst du, ich bin gesund?«, fragte er den Weihnachtsmann ab und zu.

»Solange du noch einen grünen Punkt im Gesicht hast, können wir nicht zurück«, sagte der Weihnachtsmann.

Dem kleinen Engel schien das nichts auszumachen, und irgendwann fragte er nicht einmal mehr nach. Er war braun gebrannt, trug ausgefranste Bermudahosen und hatte völlig vergessen, dass eine wichtige Aufgabe auf ihn wartete. Aber der Weihnachtsmann und die Rentiere wurden mit jedem Tag stiller und trauriger. Ihnen fehlte der Schnee und die Kälte, der Weihnachtsmann vermisste die Weihnachtslieder, die Tannenzweige und Christbaumkugeln, die Vorfreude beim Geschenkeaussuchen. Und wie sie sich verändert hatten! Die Rentiere trugen Blumenketten in den Geweihen und afrikanische Muschelketten um den Hals. Der Weihnachtsmann hatte seine rote Jacke bei der Flucht vor einem Krokodil verloren. Die Hose schlotterte ihm um den Bauch, weil er nun schon seit Monaten keine Kekse mehr aß. Der lange weiße Bart war halb abgeschnitten, weil er sich auf dem Himalajagipfel im Reißverschluss des Zeltes verhakt hatte!

Doch weil der Weihnachtsmann den kleinen Engel gernhatte, jammerte er nicht, sondern reiste tapfer weiter. Nur nachts, da träumte er unruhig vom nächsten Weihnachtsfest. Würden die Kinder dieses Jahr zum ersten Mal keine Geschenke bekommen?

So verging noch ein weiterer Monat, und der Weihnachtsmann hatte die Hoffnung, jemals nach Hause zurückzukehren, schon fast aufgegeben. Eines Abends, sie saßen gerade am Strand der Schweinebucht auf Kuba und grillten, passierte etwas sehr Merkwürdiges. Der kleine Engel legte einen Spieß mit Würstchen über die Glut und pfiff ein Lied dazu. Klar und deutlich.

Der Weihnachtsmann hob bei den ersten Takten den Kopf. Die Rentiere, die im Schatten einer Palme lustlos an ein paar Zuckerrohrstängeln kauten, hörten auf zu fressen. Der kleine Engel pfiff ahnungslos weiter. Der Weihnachtsmann summte leise mit. Bei der letzten Strophe konnte er sich nicht mehr zurückhalten.

»O Tannenbaum«, schmetterte er aus vollem Hals. »O Tannenbaum, wie grün sind deine Blätter!«

Über ihm wiegten sich die Kokosnusspalmen in einer sanften Karibikbrise.

Der kleine Engel verstummte wie vom Blitz getroffen.

Die Rentiere hielten den Atem an. Der Weihnachtsmann schlug erschrocken die Hand vor den Mund.

Eine Weile warteten alle ängstlich, ob etwas passierte.
Aber nichts geschah. Kein einziger grüner Pickel erschien auf dem Gesicht des kleinen Engels. Auch von Ohrenschmerzen und Fieber keine Spur.
Der kleine Engel legte den Spieß mit den Würstchen beiseite. »Komisch«, sagte er zum Weihnachtsmann, »irgendwie möchte ich lieber etwas Süßes. Einen Zimtstern oder so. Gibt es auf Kuba Lebkuchen?«
Kein Zweifel, er war wieder völlig gesund!
Die Rentiere brachen in wilden Jubel aus. Der Weihnachtsmann legte vor lauter Freude einen richtigen Piratentanz hin, und dann sangen sie gemeinsam alle Weihnachtslieder, die sie kannten. Plötzlich fiel dem kleinen Engel etwas ein.
»Welches Datum haben wir heute?«

Der Weihnachtsmann rechnete mit krauser Stirn nach. »Oh nein«, ächzte er dann und scheuchte die Rentiere zum Schlitten. »Schon der 1. November. Jetzt aber nichts wie los!«

Als sie wie gewohnt am Heiligen Abend bei den Leuten an der Tür klingelten, haben die meisten Kinder vor Überraschung große Augen gemacht. Nicht wegen der Geschenke. Die waren fast alle in Ordnung. Aber der Weihnachtsmann und sein kleiner Engel sahen in diesem Jahr irgendwie ein bisschen anders aus als sonst …

Ursel Scheffler
Der Schneemann, der auf die Rutschbahn wollte

Endlich hat es geschneit! Den ganzen Tag haben die Kinder auf dem Spielplatz im Schnee herumgetobt. Sie haben Schneeburgen gebaut und sich Schneeballschlachten geliefert. Das Schönste aber war, gemeinsam den Schneemann zu bauen, der gleich neben der Rutschbahn steht.

Jetzt ist es ganz still. Alle Kinder liegen längst in den Betten und schlafen. Und die Erwachsenen auch. Sogar die, die bis spät in die Nacht Sportschau geguckt haben, weil wieder ein spannendes Fußballspiel auf der anderen Seite der Welt ausgetragen wurde.

So still ist es, dass man die Trippelschritte der kleinen Maus hören kann, die jetzt um den Schneemann herumläuft.

»Hilfe!«, fiept sie, denn es ist eine Eule hinter ihr her.

»Komm!«, brummt der Schneemann gutmütig. »Versteck dich unter meinem Bauch!«

Das tut die kleine Maus sofort, und die Eule wundert sich: Wohin ist die verflixte Maus auf einmal verschwunden? Die Eule setzt sich auf den Ast über dem Schneemann. Verärgert schüttelt sie ihr Gefieder, weil ihr die freche Maus entwischt ist. Schnee rieselt von den Ästen.

»Keine Wolke am Himmel, und es schneit?«, wundert sich der Schneemann.
»Das war die Eule, vor der du mich gerettet hast!«, sagt die Maus. »Sie hat Schnee vom Baum geschüttelt. Jetzt ist sie weggeflogen! Gott sei Dank!«
Die kleine Maus kommt aus ihrem Versteck. Sie bewundert den Schneemann von oben bis unten und sagt: »So einen schönen, großen, schneeweißen Schneemann wie dich hab ich noch nie gesehen!«
»Trotzdem wäre ich lieber klein und mausegrau wie du und hätte dafür Beine zum Laufen. So muss ich immer hier stehen bleiben. Wie festgewachsen.«
»Das kann man ändern«, sagt die pfiffige Maus. »Weißt du nicht, dass Schneemänner in klaren Vollmondnächten wandern können, wenn sie einer an der Hand nimmt?«
»Wer sollte mich schon an der Hand nehmen?«, seufzt der Schneemann.
»Ich, zum Beispiel«, kichert die kleine Maus. Sie klettert am Besenstiel hoch und setzt sich auf die rechte weiße Hand des Schneemanns.
»Komm!«, ermuntert sie ihn. »Du hast mir geholfen. Da ist es nur recht, dass ich dir auch einen Gefallen tue! Wohin möchtest du gehen?«
»Einmal auf der Rutschbahn rutschen!«, sagt der Schneemann. Er hat den ganzen Nachmittag an nichts anderes gedacht, als er sah, welchen Spaß die Kinder dabei hatten.
»Dann komm schon!«, fordert ihn die Maus auf. »Du musst nur fest dran glauben, dass es geht. Rechtes Bein, linkes Bein!«
»Tatsächlich!«, murmelt der Schneemann verblüfft. »Es geht! Ich gehe!« Er rutscht und rollt mehr, als dass er läuft, aber er kommt voran!
Sie umrunden die Sandkiste und erreichen schließlich die Rutschbahn. Auf eine Leiter hinaufzuklettern, ist für einen Schneemann natürlich ziemlich schwierig. Die Maus schiebt ein bisschen. Sie scheint Wunderkräfte zu haben, denn tatsächlich kommt der Schneemann bis oben hinauf. Geschafft!
Und dann rodelt er hinunter. Huijjj! Das ist ein Spaß! Jetzt will er auch noch auf die Wippe, auf die Schaukel und auf den Schwebebalken. Die Maus macht ihm alles vor, und der Schneemann turnt hinterher. Das geht eine ganze Weile

gut. Bis sich eine dicke Wolke vor den Vollmond schiebt. Plötzlich ist der Zauber vorbei.

»Ich bin müde!«, sagt der Schneemann und sinkt in den Schnee.

»Gute Nacht!«, sagt die Maus. »Ich muss jetzt nach Hause!«

»Es war schööön«, gähnt der Schneemann und wirft Besen und Hut neben sich. »So schön!«

»Seht doch bloß! Jemand hat unseren Schneemann umgeworfen!«, rufen die Kinder am nächsten Morgen. »Komisch, ich hätte schwören können, dass er gestern auf der anderen Seite der Rutschbahn stand«, behauptet ein Junge. »Kommt, wir richten ihn wieder auf.«

»Vielleicht ist er ja in der Nacht herumgelaufen?«, überlegt ein Mädchen, als sie dem Schneemann den Hut wieder aufsetzt.

»Erzähl doch keine Märchen!«, sagt der Junge und drückt dem Schneemann den Besen in den Arm.

»Märchen? Warum eigentlich nicht?«, kichert die Maus, die von ihrem Versteck unter der Eberesche aus alles genau beobachtet. »Gibt es etwas Schöneres um diese Jahreszeit?«

Am nächsten Tag kommen die Kinder nicht. Sie müssen in die Schule und in den Kindergarten. Der Schneemann steht ganz allein auf dem Spielplatz. Ein Spatz setzt sich auf seinen Hut.

»Ach«, sagt der Schneemann und sieht den Wolken nach. »Wie gern möchte ich auch mal fliegen!«

»Komm doch mit!«, ruft der Spatz. »Es ist ganz einfach!« Er flattert vor dem Schneemann auf und ab.

»Ich bin am Boden festgefroren!«, seufzt der Schneemann. »Kannst du sehen, was hinter der Spielplatzmauer ist?«

Der Spatz fliegt auf die Mauer und berichtet: »Da kommt ein Feld und eine Wiese und dann das Meer. Es ist so groß, dass alle Spatzen der Welt es nicht leer trinken könnten!«

»Dann muss es wirklich groß sein!«, sagt der Schneemann.

»Und was ist hinter dem Meer?«

»Das weiß ich nicht! So weit ist noch kein Spatz je geflogen!«

Gegen Mittag scheint die Sonne wärmer als sonst. Der Schnee auf der Wiese bekommt Flecken. Die ersten Krokusspitzen sind zu sehen. Es riecht nach Frühling.

Der Schneemann mag die Frühlingssonne gar nicht. Er kommt ins Schwitzen. Tränen tropfen aus seinen Kohleaugen. Wasser rieselt über seinen Bauch. Er wird dünner und dünner.

»Jetzt lernst du wirklich das Laufen!«, sagt die Maus, als das Schmelzwasser herunterläuft und sich in Pfützen am Boden sammelt. Irgendwie hat sie richtig Mitleid mit dem Schneemann, der vor ihren Augen »davonläuft«. Oje! Da kommt eine Katze. Jetzt läuft die Maus selbst davon! Kleiner und kleiner wird der Schneemann. Schließlich ist nur noch die Pfütze da.

Auch die Pfütze verdunstet schließlich. Der Dunst steigt in den Himmel hi-

nauf. Er verdichtet sich zu Wolken. Eine dicke Doppelwolke zieht über den Himmel. Sie sieht für eine Weile haargenau wie ein Schneemann aus!
»Sieh mal einer an«, sagt die Maus, die wieder aus ihrem Loch hervorschaut, überrascht zum Spatz. »Jetzt hat er anscheinend doch das Fliegen gelernt, unser Schneemann!«

Anja Fröhlich
Der gefallene Engel

In jedem Fall möchte ich Engel werden! Natürlich nicht im wahren Leben. Da will ich lieber laut sein und mich dreckig machen dürfen. Oder Papa die Schnürsenkel unter dem Tisch verknoten, wenn er wieder so langweilig vom Büro erzählt. Aber beim Krippenspiel in der Kirche, da will ich auf jeden Fall Engel sein. Mit einem weiten, langen Kleid aus vielen schimmernd weißen Stofflagen. Und mit Flügeln aus echten Federn. In meinem Haar soll ein Reif mit Edelsteinen stecken, die glitzern und funkeln wie ein Heiligenschein.
Aber Frau Bode, unsere Theaterlehrerin, hat gesagt, dieses Jahr werden alle Mädchen Schafe. Denn Frau Bode hat sich schrecklich aufgeregt, dass keine von uns die Maria spielen will. Sie meinte: »Solange niemand die Maria spielt, gibt's auch keine Engel!« Dabei ist ihr Gesicht vor Wut ganz rot geworden, und die Adern an ihrem Hals waren zu sehen.
Als Frau Bode sich wieder beruhigt hatte, wollte sie wissen, ob nicht doch jemand die Maria spielen will. Aber alle Mädchen haben nur auf den Boden geguckt. Der wahre Grund, warum keiner die Maria sein will, ist Joseph. Denn dieses Jahr wird der Joseph von Karl gespielt. Dem Karl, der einem ein Bein stellt oder die Mütze vom Kopf reißt, wenn Frau Bode gerade mal wegschaut. Und wenn er wütend wird, denkt Karl sich hässliche Spitznamen aus. Mich hat er schon mal Schrumpfkopf genannt und meine Freundin Milena Pupskopf. Ist doch klar, dass kein Mädchen zu Weihnachten Hand in Hand mit Karl durch die Kirche gehen will. Und niemand will an der Seite von Karl eine Puppe unter seinem Kleid hervorholen, um dann mit ihm »Mutter, Vater, Kind« zu spielen. Schon gar nicht vor allen Leuten.

»Aber Karl ist gar nicht der Vater von dem Baby«, hat Frau Bode zu uns Mädchen gesagt, als Karl gerade mal auf der Toilette war. Maria bekommt das Baby nicht von Joseph, sondern von Gott.

»Dann spielen wir das Krippenspiel doch einfach ohne Joseph«, meinte Milena. Aber darauf wollte sich Frau Bode auch nicht einlassen.

Am Ende hat sich Hannes überreden lassen, die Maria zu spielen. Er ist Karls Freund, und ihm ist es egal, dass er eine Frau spielen soll. Hannes hat sogar lange Haare. Jedenfalls gehen sie ihm bis zum Kinn. Und ihm ist es auch egal, mit Karl Hand in Hand durch die Kirche zu marschieren. Die beiden sind schließlich Freunde.

Trotzdem darf niemand von uns Mädchen Engel werden.

»Euer Verhalten ist unchristlich«, hat Frau Bode zu uns gesagt, als Karl auf dem Klo war.

»Nächstenliebe, das wäre christlich. Aber einen Jungen zu Weihnachten spüren lassen, dass man ihn nicht mag, das ist durch und durch unchristlich. Darüber könnt ihr mal nachdenken, wenn ihr Schafe seid.«

Ich habe darüber nachgedacht. Ich will aber trotzdem kein Schaf sein! Schon die Generalprobe ist schrecklich. Wir Schafe stehen die ganze Zeit bockig herum und glotzen blöd. Die Felle, die Frau Bode uns übergestülpt hat, sind dreckig und riechen nach modrigem Keller.

Und heute ist die Aufführung. Es ist der 24. Dezember, und ich wache davon auf, dass mir ein köstlicher Kakaogeruch in die Nase steigt. Mama hat mir eine Tasse ans Bett gebracht. Als ich die Augen öffne, lacht sie mich an. »Im Esszimmer wartet die erste Weihnachtsüberraschung auf dich«, verkündet sie stolz. Ich stürze aus dem Bett, renne durch den Flur und bleibe wie angewurzelt in der Esszimmertür stehen. Mein Herz macht einen Purzelbaum nach dem anderen – erst vorwärts und dann rückwärts. Erst vor Freude und dann vor Schreck. Denn am Schrank hängt auf einem Bügel ein niegelnagelneues Engelskleid. Es ist

wunderschön. Geradezu himmlisch! So schön, dass ich plötzlich einen dicken Kloß im Hals habe.

»Freust du dich nicht?«, will Mama wissen. »Ich finde, dein altes Engelskleid ist dir ein bisschen zu eng geworden.«

Ich habe Mama gar nicht gesagt, dass ich dieses Jahr ein Schaf bin. Aus dem einfachen Grund, weil ich doch auch kein Schaf sein will. Und weil ich dachte, Frau Bode lässt uns im letzten Moment doch noch Engel sein. Schließlich ist Weihnachten. Und auch sie muss christlich sein und ihre Nächsten lieben.
Da kommt mir eine Idee: Ich ziehe einfach das neue Engelskleid zur Kirche an. Und nicht die schwarze Hose und den schwarzen Rollkragenpullover, den wir unter unserem muffigen Pelz tragen sollen.
Und wenn Frau Bode mich in dem neuen Kleid sieht, wird sie mir sicher erlauben, es anzubehalten. Denn wie sieht denn ein Schafspelz über einem Engelskostüm aus!

Um drei Uhr machen wir uns auf den Weg zur Kirche. Dabei fängt der Kindergottesdienst mit dem Krippenspiel erst um vier Uhr an. Aber Mama und Papa wollen ganz früh da sein, um einen Platz in der ersten Reihe zu bekommen. Ich bleibe lieber draußen, bis es losgeht. Sonst schickt Frau Bode mich am Ende noch mal zum Umziehen nach Hause. Draußen sind allerdings nur ein paar Jungs, die Fußball spielen. Unter anderem auch Karl.
Weil mir langweilig ist, schaue ich ihnen ein wenig zu. Es sieht lustig aus, wie sie in ihren feinen Schuhen um die Pfützen herumtänzeln und versuchen, sich nicht dreckig zu machen.
»He, Julia, spielst du mit? Die andere Mannschaft braucht noch einen Stürmer!«, ruft Karl mir zu. Warum eigentlich nicht?! Meinem Engelskleid kann wenig passieren, weil ich einen langen Mantel darüber trage. Und meine weißen Schuhe habe ich gar nicht erst angezogen bei dem Wetter. Die stecken zusammen mit den Flügeln und dem Heiligenschein-Haarreif in meinem Rucksack.
Gegen die vorsichtigen Jungs in ihren Lackschuhen macht das Spielen richtig Spaß, und ich schieße gleich zu Anfang zwei Tore hintereinander. Dann wird mir so heiß, dass ich meinen Mantel ausziehe. Und schon wieder bin ich am Ball! Vor mir liegt eine riesige Schlammpfütze und dahinter das Tor mit dem

Torwart im Sonntagsanzug. Der lässt jeden Ball durch, wenn er nur dreckig genug ist. Jetzt gilt es nur noch, die Pfütze kunstvoll zu umdribbeln. Doch da kommt plötzlich Karl von der Seite angerannt und will mir den Ball abnehmen. Er drängt sich richtig nah an mich heran, sodass ich das Gleichgewicht verliere und am Ende noch über sein ausgestrecktes Bein stolpere! Wie ein Engel segele ich durch die Luft – und wie ein Ferkel lande ich mit einem dicken Bauchplatscher mitten in der Matschpfütze. Es spritzt und schmatzt. Dann herrscht einen

Moment lang Totenstille. Mir schießen die Tränen in die Augen. Alle Jungs kommen angerannt und stellen sich mit offenen Mündern am Pfützenrand auf. Karl entschuldigt sich bei mir. Er fragt, ob er mir aufhelfen darf. Aber ich schlage seine Hand weg und versuche selber auf die Füße zu kommen. Zu allem Unglück setze ich mich dabei auf den Po, sodass nun auch noch meine Rückseite voller Matsch ist.

Karl ist ganz blass geworden. »Du darfst doch sowieso kein Engel sein«, meint er leise. Ich tue so, als hätte ich ihn nicht gehört, und ziehe meinen Mantel wieder an. In dem Moment kommt Frau Bode angelaufen. »Wo bleibt ihr denn?«, ruft sie aufgeregt. »Das Krippenspiel fängt gleich an.«

Im Gemeinderaum neben der Kirche sollen wir unsere Mäntel ausziehen und uns zu den anderen Kindern setzen. Frau Bode hat ein ganz rotes Gesicht, und an ihrem Hals sind wieder ihre Adern zu sehen. Ich setze mich mit meinem braunen Kleid ganz dicht hinter Milena in der Hoffnung, dass mich niemand sieht. Nur Milena guckt mich mit großen Augen an. Aber sie traut sich nicht, etwas zu sagen, weil die Stimmung gespannt genug ist.

Frau Bode erzählt, dass Hannes mit seinen Eltern auf der Autobahn im Stau steckt. Und dass nun doch eins von uns Mädchen die Maria spielen muss. Sie sagt: »Leider hat Hannes sein Kostüm mit nach Hause genommen, sodass wir uns auch da etwas einfallen lassen müssen.«

Dann schaut sie durch die Reihen in der Hoffnung, dass sich freiwillig eine neue Maria meldet. Als sie mich ängstlich zusammengekauert hinter Milena entdeckt, bleibt ihr Blick natürlich an mir kleben. »Julia, wie siehst du denn aus?«, ruft sie entsetzt. Schon wieder kommen mir die Tränen.

Da ergreift Karl das Wort. »Wir haben Fußball gespielt, und Julia ist in die Pfütze gefallen«, meint er. Und ganz leise fügt er noch hinzu: »Es war ein bisschen auch meine Schuld.«

Da wird Frau Bodes Gesicht plötzlich wieder etwas heller. »Ist doch nicht so schlimm!«, sagt sie unerwartet freundlich und reicht mir ein Taschentuch. Wahrscheinlich erkennt sie gar nicht, dass mein Kleid ursprünglich ein Engelskleid sein sollte. Und dass ich gegen ihren Willen als Engel auf die Bühne gehen wollte.

Sie winkt mich zu sich nach vorne und sieht sich mein dreckiges Kleid von oben bis unten an. Dabei wird ihre Laune immer besser.

»Es ist nicht nur nicht schlimm, es ist sogar genial!«, meint Frau Bode schließlich. »Dein Kleid sieht wirklich aus wie das von der armen

Maria, die sich seit Tagen nicht waschen konnte. Und unter den weiten, wallenden Rock passt wunderbar die Babypuppe, der kleine Jesus!«
Ohne eine Antwort von mir abzuwarten, scheucht Frau Bode die anderen Kinder zum Umziehen. Dann geht sie in aller Eile mit mir meinen neuen Text durch. Ich habe nur zwei Sätze zu sagen. Der eine heißt: »Oh Joseph, sicher finden wir keine Herberge mehr«, und der andere heißt: »Lieber Joseph, noch diese Nacht wird es geschehen!«
Später soll ich mich umdrehen und möglichst unauffällig die Puppe unter meinem dreckigen Kleid hervorholen, um sie in die Krippe zu legen.
Kaum hat Frau Bode mir alles erklärt, geht es auch schon los. Ich habe nicht eine Sekunde Zeit gehabt, zu protestieren. Aber irgendwie war ich auch viel zu schwach, um mich noch zu wehren. Karl nimmt meine Hand, und wir ziehen durch den Mittelgang der Kirche, vorbei an den vielen feierlichen Gesichtern der Eltern und Kinder. Ich schaue auf den Boden, um ja keinen Blick von Mama aufzufangen, die sicher nicht versteht, warum ihr kleiner Engel plötzlich ein Lumpenkleid anhat und Hand in Hand mit einem Beinchensteller durch die Kirche schreitet. Auch meinen Text sage ich mehr zum Boden als zum Publikum. Zwischendurch flüstert Karl einmal »Entschuldigung«. Und etwas später, als die Heiligen Drei Könige ihren Auftritt haben, holt er ein unberührtes Rubbellos aus seiner Hosentasche und schenkt es mir. »Hier«, sagt er. »Das hatte ich heute in meinem Adventskalender.« Da tut es mir fast ein bisschen leid, dass ich ihn so doof finde. Jedenfalls murmele ich schnell »Danke!«.
Als das Spiel endlich vorbei ist, gibt es großen Applaus. Und auch Frau Bode ist begeistert, als sie uns im Gemeindesaal wieder in Empfang nimmt.
»Ihr wart großartig!«, ruft sie laut. »Besonders du, Julia. Du hast dich toll in die Maria reinversetzt. Die Traurigkeit von der Maria am Anfang des Stückes, die hast du super gespielt.«
Da muss ich plötzlich lachen. Weil ich doch gar nicht gespielt habe, sondern wirklich traurig war. Und weil heute die ganze Welt verrückt spielt.
Auf dem Nachhauseweg fragen Mama und Papa mir ein Loch in den Bauch.

»Wieso warst du denn gar kein Engel?« und »Was hast du nur mit deinem Kleid gemacht?«, will Mama wissen. Da erzähle ich die ganze Geschichte. Von der bösen Hexe Bode, die uns alle in Schafe verwandeln wollte. Und von meiner Idee, trotzdem als Engel zu erscheinen. Und davon, wie ich kurz vor meinem dritten Tor plötzlich das Fliegen gelernt habe. Aber leider nicht das Landen. Und natürlich von Hannes, der wahrscheinlich immer noch im Stau steckt. Papa sagt, ich hätte mich ganz schön tapfer geschlagen. Und das Kleid könne man bestimmt wieder waschen. Dann fahren wir nach Hause und feiern ein ganz gemütliches Weihnachtsfest, bei dem es nur noch schöne Überraschungen gibt. Die lustigste Überraschung rubbel ich am nächsten Morgen frei, als ich in meiner Jackentasche das Los wiederfinde. Ich gewinne tatsächlich zehn Euro. Das muss ich Karl erzählen!

Hans Christian Andersen
Der Schneemann

»Es knackt förmlich in mir, so herrlich kalt ist es!«, sagte der Schneemann. »Der Wind kann einem wirklich Leben eintreiben! Und wie der Glühende da oben glotzt!« Damit meinte er die Sonne; sie war gerade im Begriff unterzugehen. »Sie soll mich nicht zum Blinzeln bringen, ich werde meine Krumen schon festhalten!«

Er hatte nämlich statt der Augen zwei große, dreieckige Dachsteinbrocken, der Mund bestand aus einem Stück von einem alten Rechen, folglich hatte er auch Zähne.

Er war geboren unter den Jubelrufen der Knaben, war begrüßt von dem Schellengeläute und dem Peitschenknall der Schlitten.

Die Sonne ging unter, der Vollmond ging auf, rund und groß, klar und schön in der blauen Luft.

»Da ist sie schon wieder von einer andern Seite!«, sagte der Schneemann. Er glaubte, es sei die Sonne, die sich wieder blicken ließ. »Ich habe ihr das Glotzen abgewöhnt! Nun kann sie da hängen und leuchten, sodass ich mich selbst sehen kann. Wenn ich nur wüsste, wie man es anfängt, dass man sich von der Stelle bewegt! Ich würde mich so gern bewegen! Wenn ich das könnte, würde ich jetzt da unten auf dem Eise gleiten, wie ich es die Knaben habe tun sehen, aber ich verstehe mich nicht aufs Laufen.«

»Weg! Weg!«, kläffte der alte Kettenhund, er war ein wenig heiser, das hatte er sich geholt, als er noch Stubenhund war und unterm Ofen lag. »Die Sonne wird dich das Laufen schon lehren! Das habe ich im vergangenen Jahr an deinem Vorgänger und an dessen Vorgänger gesehen, weg! weg! Weg sind sie alle!«

»Ich verstehe dich nicht, Kamerad!«, sagte der Schneemann. »Die da oben soll mich laufen lehren?« Er meinte den Mond. »Ja, sie selbst lief freilich vorhin, als ich sie fest ansah; jetzt schleicht sie von einer andern Seite herbei!«

»Du weißt gar nichts!«, sagte der Kettenhund. »Du bist aber auch eben erst zusammengekleckst! Der, den du jetzt siehst, heißt der Mond; die, die vorhin wegging, war die Sonne, sie kommt morgen wieder, sie wird dich schon lehren, in den Wallgraben hinabzulaufen. Wir kriegen bald anderes Wetter, das kann ich an meinem linken Hinterbein merken, darin reißt es. Das Wetter schlägt um.«

»Ich verstehe ihn nicht!«, sagte der Schneemann. »Aber ich habe ein Gefühl, als wenn er mir etwas Unangenehmes sagt. Die, die glotzte und sich dann davonmachte und die er die Sonne nennt, ist auch nicht meine Freundin, das hab ich im Gefühl.«

»Weg! Weg!«, kläffte der Kettenhund, ging dreimal um sich selbst herum und legte sich dann in seine Hütte, um zu schlafen.

Das Wetter schlug wirklich um. Ein dichter, nasskalter Nebel legte sich gegen Morgen über die ganze Gegend; als es dämmerte, kam ein eisiger Wind auf, der Frost packte einen ordentlich, aber welch ein Anblick war es, als die Sonne aufging!

Alle Bäume und Büsche standen im Reifschmuck da; es sah aus wie ein ganzer Wald aus weißen Krallen, alle Zweige waren gleichsam mit schimmernd weißen Blüten übersät. Die unendlich vielen und feinen Verzweigungen, die man im Sommer vor all den Blättern gar nicht sehen kann, kamen nun sämtlich zum Vorschein; es war ein so glänzend weißes Spitzengewebe, dass jeder Zweig förmlich einen weißen Glanz ausströmte. Die Hängebirken bewegten sich im Winde, es war Leben darin wie zur Sommerzeit; es war eine unvergleichliche Pracht! Und als dann die Sonne schien, nein, wie funkelte dann das Ganze, als sei es mit Diamantstaub überzuckert, und auf dem Schneeteppich, der über die Erde ausgebreitet war, glitzerten die großen Diamanten, oder man konnte sich auch vorstellen, dass da unzählige, winzig kleine Lichter brannten, die noch weißer waren als der weiße Schnee. »Das ist wunderbar schön!«, sagte ein junges Mädchen, das mit einem jungen Mann in den Garten hinaustrat. Sie blieben dicht neben dem Schneemann stehen und betrachteten von hier aus die glitzernden Bäume. »Einen schönern Anblick kann man selbst im Sommer nicht haben!«, sagte sie, und ihre Augen strahlten.

»Und so einen Burschen wie den da hat man im Sommer überhaupt nicht!«, sagte der junge Mann und zeigte auf den Schneemann. »Der ist ganz famos!« Das junge Mädchen lachte, nickte dem Schneemann zu und tanzte dann mit ihrem Freund über den Schnee hin, der unter ihnen knirschte, als gingen sie auf Stärkemehl.

»Wer waren die beiden?«, fragte der Schneemann den Kettenhund. »Du bist hier länger auf dem Hof als ich, kennst du sie?«

»Freilich kenne ich sie!«, sagte der Kettenhund. »Sie hat mich gestreichelt, und er hat mir einen Knochen geschenkt, die beiße ich nicht!«

»Aber was stellen sie hier vor?«, fragte der Schneemann.

»Liebesleu-eu-eu-eute!«, sagte der Kettenhund. »Sie werden in eine Hütte ziehen und zusammen an einem Knochen nagen! Weg! Weg!«

»Haben die beiden ebenso viel zu bedeuten wie du und ich?«, fragte der Schneemann.

»Sie gehören ja zur Herrschaft!«, sagte der Kettenhund. »Man weiß ja freilich nur sehr wenig, wenn man gestern erst geboren ist, das merke ich an dir! Ich habe Alter und Kenntnisse, ich kenne alle hier auf dem Hof, und ich habe eine Zeit gekannt, wo ich hier nicht in Kälte und an der Kette stand. Weg! Weg!«
»Die Kälte ist herrlich!«, sagte der Schneemann. »Erzähle, erzähle! Aber du musst nicht mit der Kette rasseln, denn dann knackt es in mir!«
»Weg! Weg!«, kläffte der Kettenhund. »Ein junger Hund bin ich gewesen, klein und niedlich, sagten sie; damals lag ich auf einem Plüschstuhl, drinnen im Hause, lag auf dem Schoß der obersten Herrschaft, ward auf die Schnauze geküsst, und die Pfoten wurden mir mit einem gestickten Taschentuch abgewischt. Ich hieß ›Liebling‹, ›Wollewollebeinchen‹, aber dann wurde ich ihnen zu groß, sie verschenkten mich an die Haushälterin; ich kam in die Kelleretage! Du kannst von dort, wo du stehst, da hineinsehen; du kannst in die Kammer hineinsehen, wo ich Herrschaft gewesen bin; denn das war ich bei der Haushälterin. Es war zwar ein geringerer Ort als oben, aber es war hier gemütlicher; ich wurde nicht von den Kindern herumgeschleppt und gezerrt wie oben. Ich hatte ebenso gutes

Futter wie früher und noch viel mehr! Ich hatte mein eignes Kissen, und dann war da ein Ofen, und das ist um diese Zeit das Schönste auf der Welt! Ich kroch ganz unter den Ofen, und dann war ich verschwunden. Ach, von dem Ofen träume ich noch oft! Weg! Weg!«

»Sieht denn ein Ofen so schön aus?«, fragte der Schneemann. »Hat er Ähnlichkeit mit mir?«

»Er ist gerade das Gegenteil von dir! Kohlschwarz ist er, er hat einen langen Hals und eine Messingtrommel. Er frisst Brennholz, dass ihm das Feuer aus dem Mund heraussteht. Man muss sich an seiner Seite halten, dicht neben ihm, ganz unter ihm, das ist eine unendliche Annehmlichkeit! Durch das Fenster musst du ihn sehen können, von dort aus, wo du stehst!«

Und der Schneemann lugte in das Kellerfenster hinein und gewahrte wirklich einen schwarzen, blank polierten Gegenstand mit einer Messingtrommel; das Feuer leuchtete unten daraus hervor. Dem Schneemann wurde ganz wunderlich zumute, er hatte ein Gefühl, über das er sich selbst nicht recht klar war; es kam etwas über ihn, was er nicht kannte, das aber alle Menschen kennen, wenn sie keine Schneemänner sind.

»Und warum hast du sie verlassen?«, fragte der Schneemann. Er hatte eine Empfindung, dass der Ofen ein weibliches Wesen sein müsse. »Wie konntest du nur einen solchen Ort verlassen!«

»Das musste ich wohl!«, sagte der Kettenhund. »Sie warfen mich hinaus und legten mich hier an die Kette. Ich hatte den jüngsten Junker ins Bein gebissen, weil er mir den Knochen wegstieß, an dem ich nagte, und Knochen um Knochen, dachte ich. Aber das nahmen sie übel, und seit der Zeit habe ich an der Kette gelegen und habe meine klare Stimme verloren, höre nur, wie heiser ich bin: Weg! Weg! Das war das Ende vom Liede!«

Der Schneemann hörte nicht mehr zu, er sah beständig in die Kelleretage der Haushälterin, in ihre Stube hinunter, wo der Ofen auf seinen vier eisernen Beinen stand und sich in derselben Größe präsentierte wie der Schneemann selbst.

»Es knackt so sonderbar in mir!«, sagte er. »Werde ich nie da hineinkommen? Das ist doch ein unschuldiger Wunsch, und unsere unschuldigen Wünsche werden doch sicher in Erfüllung gehen. Es ist mein innigster Wunsch, mein einziger Wunsch, und es würde doch fast ungerecht sein, wenn der nicht erfüllt würde. Ich muss da hinein, ich muss mich an sie anschmiegen, und wenn ich auch ein Fenster einschlagen sollte!«

»Da hinein kommst du niemals«, sagte der Kettenhund. »Und wenn du an den Ofen herankommst, so bist du weg! Weg!«

»Ich bin so gut wie weg!«, sagte der Schneemann. »Ich glaube, ich breche durch.«

Den ganzen Tag stand der Schneemann da und sah zum Fenster hinein; in der Dämmerung erschien die Stube noch einladender; aus dem Ofen leuchtete es so mild, wie weder der Mond noch die Sonne leuchten können, ja wie nur ein

Ofen leuchten kann, wenn etwas darin ist; wurde seine Tür geöffnet, so schlug die Lohe heraus, das war so eine Gewohnheit; es flammte ordentlich rot auf in dem weißen Gesicht des Schneemanns, es leuchtete förmlich rot aus seiner Brust heraus.

»Ich halte es nicht aus!«, sagte er. »Wie es ihr steht, wenn sie so die Zunge heraussteckt!«

Die Nacht war sehr lang, aber dem Schneemann wurde sie nicht lang, er stand da in seine eignen, schönen Gedanken versunken, und die froren, sodass es knackte.

Am Morgen waren die Fenster der Kellerwohnung zugefroren, sie trugen die schönsten Eisblumen, die nur ein Schneemann verlangen kann, aber sie entzogen den Ofen seinen Blicken. Die Fensterscheiben wollten nicht auftauen, er konnte »sie« nicht sehen. Es knackte und krachte in ihm und um ihn, es war ein Frostwetter, wie es sich ein Schneemann nur wünschen kann, aber er war nicht zufrieden; er hätte so glücklich sein können und müssen, aber er war nicht glücklich, er hatte Ofensehnsucht.

»Das ist eine schlimme Krankheit für einen Schneemann«, sagte der Kettenhund. »Ich habe auch an der Krankheit gelitten, aber ich habe sie überstanden. Weg! Weg! – Jetzt schlägt das Wetter um!«

Und das Wetter schlug um; es wurde Tauwetter.

Das Tauwetter nahm zu, der Schneemann nahm ab. Er sagte nichts, er klagte nicht, und das ist das sicherste Anzeichen.

Eines Morgens brach er zusammen. Etwas wie ein Besenstiel ragte empor, wo er gestanden hatte, um den herum hatten die Knaben ihn auch gebaut.

»Jetzt kann ich seine Sehnsucht verstehen!«, sagte der Kettenhund. »Der Schneemann hat einen Ofenhaken im Leibe gehabt; der hat sich in ihm geregt! Jetzt ist das überstanden; weg! Weg!«

Und bald war auch der Winter überstanden.

»Weg! Weg!«, kläffte der Kettenhund; aber die kleinen Mädchen auf der Straße sangen:

»Waldmeister grün! Hervor aus dem Haus!
Weide, hänge die wollenen Fausthandschuh heraus!
Kommt, Kuckuck und Lerche! Singt hell und klar,
Der Lenz ist da! Ade Februar!
Ich singe mit euch: Kuckuck! Tirili!
Komm, liebe Sonne, scheine so warm wie noch nie!«

Und dann denkt niemand mehr an den Schneemann.

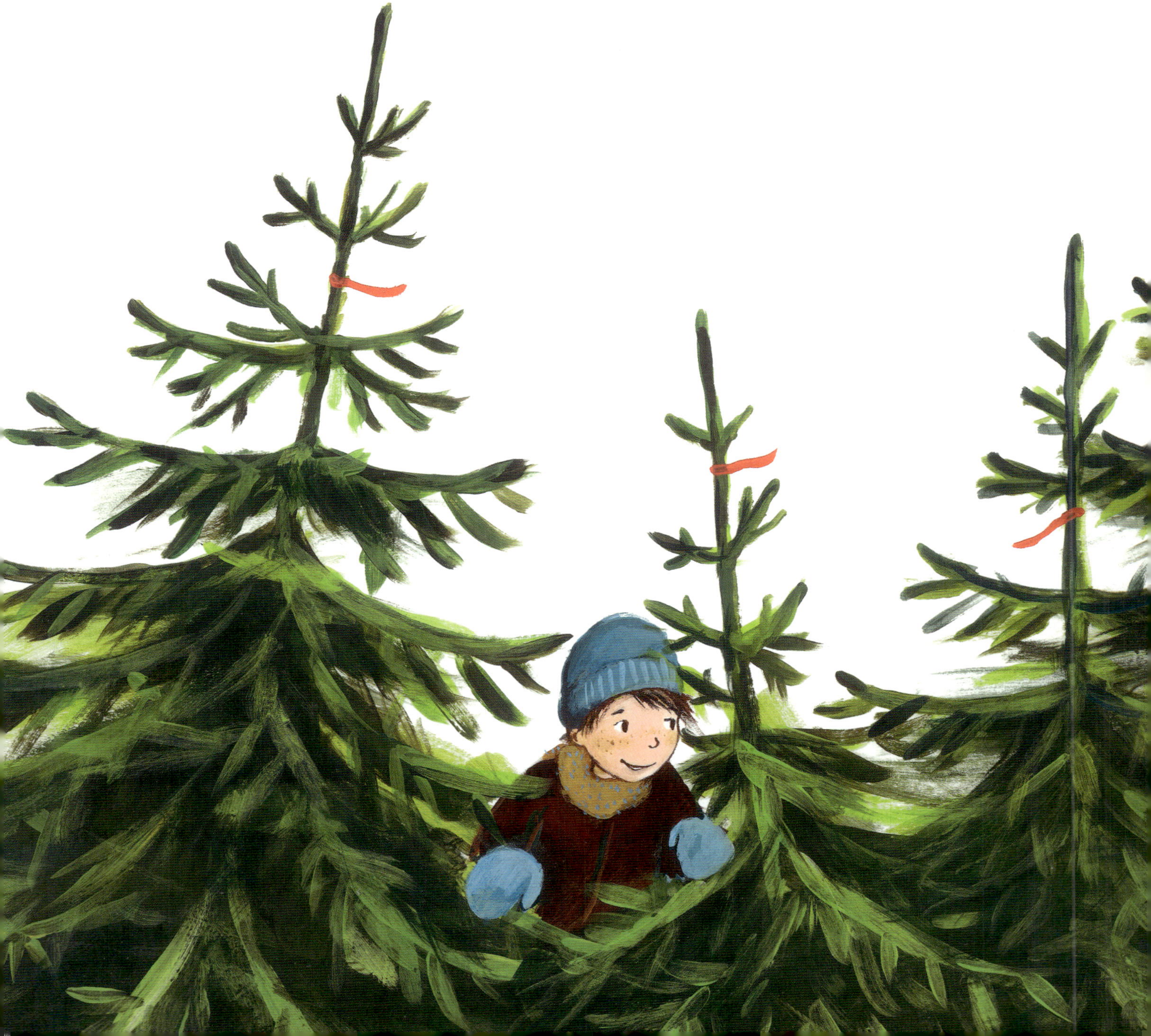

O Tannenbaum

Kirsten Boie
Der Tannenbaum

Jedes Jahr am vierten Advent geht die ganze Familie zum Tannenbaumschlagen.
»Da bleibt er schön frisch«, sagt Papa.
»Da nadelt er nicht bis Silvester.«
Das mit den Nadeln ist Jesper ganz egal, die kann man ja mit dem Staubsauger saugen. Aber trotzdem will er auch keinen Tannenbaum am Marktstand kaufen. Selber schlagen ist besser.
»Kaufen kann ja jeder«, sagt Jesper zufrieden.
»Ich trag wieder die Säge«, und dann zieht er Papas dicke Gartenhandschuhe an, die Papa extra nur fürs Tannenbaumschlagen braucht, weil sie doch gar keinen Garten haben, und Janna nimmt die Axt, und ganz ausnahmsweise darf Jule die Säge aus Jespers Laubsägekasten haben. Damit sie nicht traurig ist.
Eigentlich ist der Tannenbaumwald gar kein richtiger Wald, sondern eine Baumschule. Wenn man zu den Bäumen will, muss man sich erst durch ein Tor drängeln und dann durch ein Gewächshaus, wo ganz viele Leute mit rot gefrorenen Nasen stehen und Glühwein trinken. Die haben sich auch alle schon einen Baum geschlagen.
Aus einem riesigen silbernen Topf riecht es nach Erbsensuppe und Würstchen, und der beste Stand ist gleich neben der Tür. Da backen sie Waffeln mit Puderzucker.

»Na, dann wollen wir mal wieder«, sagt Papa und reibt sich die Hände. Beim Tannenbaumschlagen müssen alle gute Laune haben. »Dann kommt mal mit raus. Wir sind schließlich nicht zum Essen und Trinken gekommen.«
Und diesmal nörgelt Jesper auch kein bisschen. Nicht wie im Museum. Er weiß ja sowieso, dass es am Schluss noch einen heißen Apfelsaftpunsch gibt. Und vielleicht auch noch Waffeln mit Zucker.
Außerdem will Jesper jetzt erst mal den Tannenbaum schlagen. Sonst sind sie nachher schon ganz ausgesucht und gar keine schönen mehr da.
»Wieder einen gelben, Papa?«, fragt Jesper. »Wieder einen gelben, Papa, wie letztes Jahr?«
Die Bäume haben nämlich oben um ihre Spitze alle einen bunten Klebestreifen, daran kann man sehen, wie teuer sie sind. Es gibt blaue Klebestreifen für die ganz teuren und gelbe Klebestreifen für die normalteuren, und dann gibt es noch rote, die sind fürchterlich billig. Aber die roten nehmen sie trotzdem nicht, weil das die schief gewachsenen Bäume sind, und so was will ja kein Mensch.
»Wir werden doch wohl nicht am Tannenbaum sparen!«, sagt Mama jedes Mal. »Das eine Mal im Jahr! Am schönsten Tag des Jahres wollen wir auch den schönsten Baum«, und darum nehmen sie auch einen gelben. Aber in diesem Jahr ist es gar nicht so einfach, einen schönen Baum zu finden. Mama will keinen so großen, weil dann der Tannenbaumschmuck nicht reicht, und immer wenn Jesper und Janna einen gefunden haben, sagt Papa, der hat zur Spitze hin zu wenig Zweige, und das wirkt dann immer so kahl. Da hat Jesper bald keine Lust mehr zu suchen. Er hilft lieber nachher mit beim Sägen.
»Komm, Janna, wir gehen nach hinten«, sagt Jesper und packt die Säge fester. »Wir machen jetzt Tannenbaumhüpfen.«
Da nimmt Janna ganz vorsichtig ihre Axt, und dann laufen sie zwischen den Bäumen durch zum hinteren Zaun, wo die meisten Bäume schon abgeschlagen sind. Neben den Stümpfen am Boden wachsen viele winzige neue Bäume nach, die sind noch nicht mal so groß wie Jule. Die will noch kein Mensch als Tan-

nenbaum haben, aber drüberhüpfen kann man ganz prima. Nur drauftreten darf man auf gar keinen Fall. Dann werden die später auch krumm und kriegen einen roten Streifen, und daran will Jesper nicht schuld sein.

»Los, Janna, jetzt hüpfen wir rüber«, sagt Jesper und will einen ganz langen Anlauf nehmen. Aber Janna kommt nicht zu ihm hin. Janna steht neben einem großen Baum, der ist der allerschiefste, den Jesper je gesehen hat. Er wächst ganz allein mitten zwischen all den kleinen, und in der Mitte macht sein Stamm eine Zickzackkurve wie eine Schlange. Oben hat er einen roten Streifen.

»… vier, fünf!«, sagt Janna. »Guck mal, Jesper, der hat schon fünf rote Streifen! Warum hat der denn fünf?«

Jesper hüpft ganz kurz über eine winzige Tanne, dann stellt er sich dazu.

»Weil der …«, sagt Jesper und guckt sich die Tannenbaumspitze an. Aber es gibt gar keine richtige Spitze. Es gibt nämlich drei, und eine davon hängt ganz wunderbar nach unten.

»Den hat nie einer gewollt«, sagt Jesper. »Der war den Leuten zu krumm, und da haben sie ihn nicht gekauft, siehst du, Janna. Und im nächsten Jahr hat er dann wieder einen neuen Klebestreifen gekriegt, aber da hat ihn wieder keiner gewollt.«

»Und so immer weiter?«, sagt Janna traurig und starrt den Baum an. »Fünf Jahre, nicht, Jesper? Fünfmal Weihnachten?«

»Ja, siehst du wohl«, sagt Jesper und legt seine Hand ganz vorsichtig auf einen unteren Zweig. Der Zweig fühlt sich piksig an, aber auch nicht zu piksig. Wenn man in der richtigen Richtung darüberstreicht, ist er plötzlich ganz glatt. »Und nächstes Jahr ist der bestimmt zu groß zum Schlagen. Da passt der in kein Zimmer mehr rein.«

»Nein, das tut der bestimmt nicht«, sagt Mama und legt Jesper von hinten ihre Hand auf die Schulter.

»Kommt mal mit, ihr beiden, und helft uns sägen. Wir haben den richtigen Baum gefunden.«

Aber Jesper bleibt immer noch stehen. Armer Baum, denkt Jesper. Armer alter Tannenbaum. Dich will gar keiner haben, und dabei hast du sogar drei schöne Spitzen. Das ist doch wieder mal typisch ungerecht.

»Der steht dann hier vielleicht immer und beschützt die Kleinen«, sagt Janna, und jetzt streichelt sie den Baum auch. »Nicht, Mama? Bis die groß geworden sind. Das ist für ihn ja vielleicht auch ganz schön.«

Mama packt Jespers Schulter ungeduldig ein bisschen fester.

»Das tut der hier ganz bestimmt nicht«, sagt sie. »Weil der den Kleinen nämlich bald zu viel Licht wegnimmt. Da wird der geschlagen. Und jetzt kommt doch mal, Papa wartet, und mir ist kalt!«

»Aber wenn der doch gar kein Tannenbaum wird?«, fragt Jesper. »Warum schlagen sie den denn? Was machen sie denn dann mit ihm?«

»Feuerholz«, sagt Mama ungeduldig und trampelt von einem Fuß auf den anderen vor Kälte. »Und nun kommt schon, wir brauchen die Säge.«

Jesper guckt Janna an, aber Janna steht auch nur ganz still neben dem Baum und rührt sich nicht vom Fleck. Sie hat ganz schmale Augen gekriegt, und ihr Kinn schiebt sie vor. Das ist ihr energisches Gesicht, das kennt Jesper. Das macht Janna nur, wenn sie böse ist.

»Feuerholz!«, sagt Janna wütend. »Wo der ein Tannenbaum sein will!«

»Ach, Janna, nun sei doch nicht so albern!«, sagt Mama. »Das ist doch ein Baum! Der will gar nichts sein. Dem ist das völlig egal, warum er geschlagen wird, ab ist ab«, und jetzt schlägt sie auch noch die Hände gegeneinander, weil sie so friert.

»Gar nicht egal!«, schreit Janna und starrt Mama wütend an.

Und da weiß Jesper, was er jetzt tun muss.

»Wir wollen diesen«, sagt er entschieden. Die Säge hält er ganz fest dabei. »Wir wollen diesen Tannenbaum haben, jawohl. Weil wir den nämlich am schönsten finden. Weil der drei Spitzen hat«, und er guckt Janna an, und Janna nickt.

»Diesen da!«, sagt Janna. »Den schönen großen! Weil der drei Spitzen hat!«

»Aber Janna!«, sagt Mama ärgerlich. »Der ist doch ganz krumm! Das seht ihr doch selber! So einen Baum stellt sich doch kein Mensch ins Zimmer!«

»Jawohl!«, schreit Janna, und da kommt Papa zwischen den kleinen Bäumen durchgeschlängelt mit Jule auf dem Arm und guckt ein bisschen verwirrt.

»Was ist denn jetzt, ihr Lieben?«, sagt er. »Ich brauch jetzt die Säge! Wir haben einen Baum gefunden!«

»Nee, pööh, die kriegst du nicht!«, sagt Jesper und hält die Säge hinter seinen Rücken. »Nee, pöööh, die kriegst du gar nicht!«

»Und die Axt kriegst du auch nicht!«, sagt Janna und stellt sich ganz dicht neben Jesper. »Dass du das weißt!«

Papa starrt die beiden an. »Ja, was ist denn hier los, ihr Lieben?«, fragt er verblüfft.

»Die beiden wollen den krummen Baum da«, sagt Mama und guckt Papa Hilfe suchend an. »Ich hab ihnen schon gesagt …«

»Weil wir den am schönsten finden!«, ruft Janna. »Mit den drei Spitzen!«

»Genau!«, schreit Jesper. Aber er muss schon gar nicht mehr wirklich schreien, weil er genau sehen kann, wie Papa sich den Baum jetzt anguckt. Eigentlich ganz freundlich.

»Und warum wollt ihr ausgerechnet den?«, fragt er dann. »Mit dieser Zickzackkurve im Stamm?«

»Weil der sonst …«, sagt Janna, aber Jesper tritt ihr auf den Fuß.

»Weil wir den am schönsten finden!«, sagt er noch mal.

»Sag ich doch!«

»Na, also!«, sagt Papa und stellt Jule auf den Boden. »Also dann hätten wir natürlich einen Baum, wie ihn sonst sicher keiner hat. Das ist ja vielleicht auch mal ganz schön.«

»Ja, nicht, Papa?«, sagt Jesper, und Jule zieht schon wieder an den Zweigen.

»Bammbaum!«, ruft sie und reißt so fest, dass Jesper Angst kriegt, der Baum kippt noch um. »Bammbaum, ja!«

»Siehst du, Jule findet ihn auch am schönsten, nicht, Julemaus?«, sagt Jesper schnell, und Jule zieht weiter.

»Bammbaum!«, schreit sie wieder vergnügt. »Bammbaum, ja!«

Da seufzt Papa laut. »Also dann, in Gottes Namen«, sagt er und streckt die Hand nach der Säge aus. »Obwohl ich nicht so richtig verstehe …«

»Ich versteh das schon ganz gut«, sagt Mama. Dann fängt sie an zu lachen. »Na gut, meinetwegen. Da müssen wir aber noch reichlich Tannenbaumschmuck beschaffen! Und zwei neue Engel dazu für die Spitzen!«

Jesper gibt Papa die Säge, und dann sägen sie immer abwechselnd, Papa, Jesper und Janna, und zum Schluss nehmen sie auch noch die Axt. Und weil der Baum doch so groß ist, müssen sie ihn auch zu dritt zum Gewächshaus tragen, und die ganze Zeit schreit Jule auf Mamas Arm: »Auch! Jule auch Bammbaum!«

Im Gewächshaus gehen sie zuerst zu der Maschine, die die Bäume in ein feines weißes Netz einwickelt. So kann man sie besser transportieren.

»Also der soll es sein«, sagt der Mann an der Maschine und schiebt den Baum durch ein großes Loch. »Sind Sie ganz sicher?«

»Ganz sicher«, sagt Papa fest, und der Mann wickelt ihnen den Baum ein, und dann gehen sie zu der Maschine, die mit lautem Geknatter die Tannenbaumstämme anspitzt wie ein riesiger Bleistiftanspitzer. Die Späne fliegen durch die Gegend, und hinterher kann man den Baum gut in den Tannenbaumfuß kriegen.

»Den da, ja, den wollen Sie haben?«, sagt der Mann, der den Spitzer bedient. »Da sind Sie ganz sicher?«

»Ganz sicher«, sagt Papa wieder, und dann bezahlt er den Baum.

»So, ihr Lieben!«, sagt er vergnügt. »Da haben wir aber ordentlich Geld gespart! Und das hauen wir jetzt gleich auf den Kopf. Wer will einen Punsch? Wer will eine Waffel?«

Und dann sitzen sie alle zusammen auf den Strohballen, die überall zum Draufsitzen aufgestapelt sind, und essen, bis sie fast platzen. Aus einem Lautsprecher kommt Weihnachtsmusik, und Jule saut sich mit dem Puderzucker von ihrer Waffel von oben bis unten ein, aber Jesper nur ein bisschen.

»Ach, ihr Lieben!«, sagt Papa. »Das war doch mal wieder richtig schön.«

Janna gibt Jesper einen kleinen Stups in die Seite.

»Vielleicht ist es überhaupt ein Wunschbaum wie bei Aschenputtel«, flüstert sie, und Jesper denkt, dass das natürlich Quatsch ist, aber wissen kann man das nie.

»Drei Spitzen«, sagt er zufrieden. »Für jedes Kind eine.«

»So hatte ich das noch gar nicht gesehen«, sagt Mama und trinkt einen Schluck Punsch. »Na, ganz gut, dass wir nicht fünf Kinder haben.«

Richard Hughes
Der Weihnachtsbaum

Es war Heiligabend, und der Weihnachtsbaum stand fertig geschmückt für die Feiertage da. Aber kaum waren alle zu Bett gegangen, als die Spielsachen, die am Baum hingen, miteinander zu reden und zu tuscheln begannen.

»Es wäre doch ein rechter Spaß«, sagten sie, »wenn wir alle heruntersteigen und uns verstecken würden.«

Sie kletterten also alle vom Baum herunter und ließen ihn ganz kahl zurück und versteckten sich – einige hinter den Schränken und einige hinter den Heizröhren und einige hinter den Büchern auf den Regalen im Wohnzimmer und wo es ihnen sonst noch einfiel.

Am ersten Feiertag kamen die Kinder herunter und wünschten einander fröhliche Weihnachten. Aber als sie ihren entzückenden Baum ganz kahl dastehen sahen mit nicht einmal einem einzigen Knallbonbon mehr daran, da weinten und weinten sie heiße Tränen.

Als sie die Kinder weinen hörten, schämten sich die Spielsachen gehörig wegen des unartigen Streichs, den sie ihnen gespielt hatten. Trotzdem aber mochten sie nicht recht aus ihren Verstecken hervorkommen, während jemand herumstand. Sie warteten also, bis alle in die Kirche gegangen waren, und dann schlüpften sie hervor.

»Ich weiß!«, sagte die Arche Noah und sprach mit all ihren Stimmen zugleich. »Ich hab eine Idee!«

Sie führte also die andern Spielsachen zum Haus hinaus und in die Stadt, und da trennten sie sich und suchten sich ihren Weg durch die Hintertür in jeden Spielzeugladen und in jeden Süßigkeitsladen. Einmal drinnen, luden sie alle

Spielsachen und alle Süßigkeiten zu einer großen Gesellschaft ein, die sie gäben, und führten sie zurück zum Haus.

»Hier ist es, wo wir unsere Gesellschaft geben«, sagten sie und zeigten auf den Weihnachtsbaum. So kletterten denn all die neuen Spielsachen zu den Zweigen des Baums hinauf und hängten sich dran. Es war wahrhaftig kaum genug Platz für sie alle, denn es waren nun zehnmal so viel da als vorher. Die ganze Zeit in der Kirche hatten die Kinder still hinter ihren Gesangbüchern in sich hineingeweint und waren noch immer ziemlich traurig, als sie nach Haus kamen; aber als sie ihren Weihnachtsbaum erblickten mit zehnmal so viel Geschenken daran, als vorher da gewesen waren, und mit zehnmal so viel Kerzen, die einander lieblich anstrahlten, da lachten sie und klatschten in die Hände und jauchzten vor Freude und sagten, in ihrem ganzen Leben hätten sie noch niemals einen so bezaubernden Weihnachtsbaum gesehen!

Manfred Kyber
Der kleine Tannenbaum

Es war einmal ein kleiner Tannenbaum im tiefen Tannenwalde, der wollte so gerne ein Weihnachtsbaum sein. Aber das ist gar nicht so leicht, wie man das meistens in der Tannengesellschaft annimmt, denn der heilige Nikolaus ist in der Beziehung sehr streng und erlaubt nur den Tannen, als Weihnachtsbaum in Dorf und Stadt zu spazieren, die dafür ganz ordnungsmäßig in seinem Buch aufgeschrieben sind. Das Buch ist ganz schrecklich groß und dick, so, wie sich das für einen guten alten Heiligen geziemt, und damit geht er im Walde herum, in den klaren, kalten Winternächten, und sagt es all den Tannen, die zum Weihnachtsfeste bestimmt sind. Und dann erschauern die Tannen, die zur Weihnacht erwählt sind, vor Freude und neigen sich dankend, und dazu leuchtet des Heiligen Heiligenschein, und das ist sehr schön und sehr feierlich.
Und der kleine Tannenbaum im tiefen Tannenwalde, der wollte so gerne ein Weihnachtsbaum sein.
Aber manches Jahr schon ist der heilige Nikolaus in den klaren Winternächten an dem kleinen Tannenbaum vorbeigegangen und hat wohl ernst und geschäftig in sein schrecklich großes Buch geguckt, aber auch nichts und gar nichts dazu gesagt. Der arme kleine Tannenbaum war eben nicht ordnungsmäßig vermerkt – und da ist er sehr, sehr traurig geworden und hat ganz schrecklich geweint, sodass es ordentlich tropfte von allen Zweigen.
Wenn jemand so weint, dass es tropft, so hört man das natürlich, und diesmal hörte das ein kleiner Wicht, der ein grünes Moosröcklein trug, einen grauen Bart und eine feuerrote Nase hatte und in einem dunklen Erdloch wohnte. Das Männchen aß Haselnüsse, am liebsten dicke, und war ein ganz boshaftes kleines

Geschöpf. Aber den Tannenbaum mochte es gerne leiden, weil es oft von ihm ein paar grüne Nadeln geschenkt bekam für sein gläsernes Pfeifchen, aus dem es immer blaue ringelnde Rauchwolken in die goldene Sonne blies – und darum ist der Wicht auch gleich herausgekommen, als er den Tannenbaum so jämmerlich weinen hörte, und hat gefragt: »Warum weinst du denn so schrecklich, dass es tropft?«

Da hörte der kleine Tannenbaum etwas auf zu tropfen und erzählte dem Männchen sein Herzeleid. Der Wicht wurde ganz ernst, und seine glühende Nase glühte so sehr, dass man befürchten konnte, das Moosröcklein finge Feuer, aber es war ja nur die Begeisterung, und das ist nicht gefährlich. Der Wichtelmann war also begeistert davon, dass der kleine Tannenbaum im tiefen Tannenwalde so gerne ein Weihnachtsbaum sein wollte, und sagte bedächtig, indem er sich aufrichtete und ein paarmal bedeutsam schluckte: »Mein lieber kleiner Tannenbaum, es ist zwar unmöglich, dir zu helfen. Aber ich bin eben ich, und mir ist es vielleicht doch nicht unmöglich, dir zu helfen. Ich bin nämlich mit einigen

Wachslichtern, darunter mit einem ganz bunten, befreundet, und die will ich bitten, zu dir zu kommen. Auch kenne ich ein großes Pfefferkuchenherz, das allerdings nur flüchtig – aber jedenfalls will ich sehen, was sich machen lässt. Vor allem aber weine nicht mehr so schrecklich, dass es tropft.«

Damit nahm der kleine Wicht einen Eiszapfen in die Hand als Spazierstock und wanderte los durch den tiefen, weiß verschneiten Wald, der fernen Stadt zu.

Es dauerte sehr, sehr lange, und am Himmel schauten schon die ersten Sterne der Heiligen Nacht durchs winterliche Dämmergrau auf die Erde hinab, und der kleine Tannenbaum war schon wieder ganz traurig geworden und dachte, dass er nun doch wieder kein Weihnachtsbaum sein würde. Aber da kam's auch schon ganz eilig und aufgeregt durch den Schnee gestapft, eine ganz kleine Gesellschaft: der Wicht mit dem Eiszapfen in der Hand und hinter ihm sieben Lichtlein – und auch eine Zündholzschachtel war dabei, auf der sogar was draufgedruckt war und die so kurze Beinchen hatte, dass sie nur mühsam durch den Schnee wackeln konnte.

Wie sie nun alle vor dem kleinen Tannenbaum standen, da räusperte sich der kleine Wicht im Moosröcklein vernehmlich, schluckte ein paarmal gar bedeutsam und sagte: »Ich bin eben ich – und darum sind auch alle meine Bekannten mitgekommen. Es sind sieben Lichtlein aus allervornehmstem Wachs, darunter sogar ein buntes, und auch die Zündholzschachtel ist aus einer ganz besonders guten Familie, denn sie zündet nur an der braunen Reibfläche. Und jetzt wirst du also ein Weihnachtsbaum werden. Was aber das große Pfefferkuchenherz betrifft, das ich nur flüchtig kenne, so hat es auch versprochen zu kommen, es wollte sich nur noch ein Paar warme Filzschuhe kaufen, weil es gar so kalt ist draußen im Walde. Eine Bedingung hat es freilich gemacht: Es muss gegessen werden, denn das müssen alle Pfefferkuchenherzen, das ist nun mal so. Ich habe schon einen Dachs benachrichtigt, den ich sehr gut kenne und dem ich einmal in einer Familienangelegenheit einen guten Rat gegeben habe. Er liegt jetzt im Winterschlaf, doch versprach er, als ich ihn weckte, das Pfefferkuchenherz zu speisen. Hoffentlich verschläft er's nicht!«

Als das Männchen das alles gesagt hatte, räusperte es sich wieder vernehmlich und schluckte ein paarmal gar bedeutsam, und dann verschwand es im Erdloch. Die Lichtlein aber sprangen auf den kleinen Tannenbaum hinauf, und die Zündholzschachtel, die aus so guter Familie war, zog sich ein Zündholz nach dem anderen aus dem Magen, strich es an der braunen Reibfläche und steckte alle die Lichtlein der Reihe nach an. Und wie die Lichtlein brannten und leuchteten im tief verschneiten Walde, da ist auch noch keuchend und atemlos vom eiligen Laufen das Pfefferkuchenherz angekommen und hängte sich sehr freundlich und verbindlich mitten in den grünen Tannenbaum, trotzdem es nun doch die warmen Filzschuhe unterwegs verloren hatte und arg erkältet war. Der kleine Tannenbaum aber, der so gerne ein Weihnachtsbaum sein wollte, der wusste gar nicht, wie ihm geschah, dass er nun doch ein Weihnachtsbaum war.

Am anderen Morgen aber ist der Dachs aus seiner Höhle gekrochen, um sich das Pfefferkuchenherz zu holen. Und wie er ankam, da hatten es die kleinen Englein schon gegessen, die ja in der Heiligen Nacht auf die Erde dürfen und die so gerne die Pfefferkuchenherzen speisen. Da ist der Dachs sehr böse geworden und hat sich bitter beklagt und ganz furchtbar auf den kleinen Tannenbaum geschimpft.

Dem aber war das ganz einerlei, denn wer einmal in seinem Leben seine heilige Weihnacht gefeiert hat, den stört auch der frechste Frechdachs nicht mehr.

Wolfdietrich Schnurre
Die Leihgabe

Am meisten hat Vater sich jedes Mal zu Weihnachten Mühe gegeben. Da fiel es uns allerdings auch besonders schwer, drüber wegzukommen, dass wir arbeitslos waren. Andere Feiertage, die beging man, oder man beging sie nicht; aber auf Weihnachten lebte man zu, und war es erst da, dann hielt man es fest; und die Schaufenster, die brachten es ja oft noch nicht mal im Januar fertig, sich von ihren Schokoladenweihnachtsmännern zu trennen.

Mir hatten es vor allem die Zwerge und Kasperles angetan. War Vater dabei, sah ich weg; aber das fiel mehr auf, als wenn man hingesehen hätte; und so fing ich dann allmählich doch wieder an, in die Läden zu gucken.

Vater war auch nicht gerade unempfindlich gegen die Schaufensterauslagen, er konnte sich nur besser beherrschen. Weihnachten, sagte er, wäre das Fest der Freude; das Entscheidende wäre jetzt nämlich: nicht traurig zu sein, auch dann nicht, wenn man kein Geld hätte.

»Die meisten Leute«, sagte Vater, »sind bloß am ersten und zweiten Feiertag fröhlich und vielleicht nachher zu Silvester noch mal. Das genügt aber nicht; man muss mindestens schon einen Monat vorher mit Fröhlichsein anfangen. Zu Silvester«, sagte Vater, »da kannst du dann getrost wieder traurig sein; denn es ist nie schön, wenn ein Jahr einfach so weggeht. Nur jetzt, so vor Weihnachten, da ist es unangebracht, traurig zu sein.«

Vater selber gab sich auch immer große Mühe, nicht traurig zu sein um diese Zeit; doch er hatte es aus irgendeinem Grund da schwerer als ich; wahrscheinlich deshalb, weil er keinen Vater mehr hatte, der ihm dasselbe sagen konnte, was er mir immer sagte. Es wäre bestimmt auch alles leichter gewesen, hätte

Vater noch seine Stelle gehabt. Er hätte jetzt sogar wieder als Hilfspräparator gearbeitet; aber sie brauchten keine Hilfspräparatoren im Augenblick. Der Direktor hatte gesagt, aufhalten im Museum könnte Vater sich gern, aber mit Arbeit müsste er warten, bis bessere Zeiten kämen.

»Und wann, meinen Sie, ist das?«, hatte Vater gefragt.

»Ich möchte Ihnen nicht wehtun«, hatte der Direktor gesagt.

Frieda hatte mehr Glück gehabt; sie war in einer Großdestille am Alexanderplatz als Küchenhilfe eingestellt worden und war dort auch gleich in Logis. Uns war es ganz angenehm, nicht dauernd mit ihr zusammen zu sein; sie war jetzt, wo wir uns nur mittags und abends mal sahen, viel netter.

Aber im Grunde lebten auch wir nicht schlecht. Denn Frieda versorgte uns reichlich mit Essen, und war es zu Hause zu kalt, dann gingen wir ins Museum rüber; und wenn wir uns alles angesehen hatten, lehnten wir uns unter dem Dinosauriergerippe an die Heizung, sahen aus dem Fenster oder fingen mit dem Museumswärter ein Gespräch über Kaninchenzucht an.

An sich war das Jahr also durchaus dazu angetan, in Ruhe und Beschaulichkeit zu Ende gebracht zu werden. Wenn Vater sich nur nicht solche Sorge um einen Weihnachtsbaum gemacht hätte.

Es kam ganz plötzlich.

Wir hatten eben Frieda aus der Destille abgeholt und sie nach Hause gebracht und uns hingelegt, da klappte Vater den Band Brehms Tierleben zu, in dem er abends immer noch las, und fragte zu mir rüber: »Schläfst du schon?«

»Nein«, sagte ich, denn es war zu kalt zum Schlafen.

»Mir fällt eben ein«, sagte Vater, »wir brauchen ja einen Weihnachtsbaum.« Er machte eine Pause und wartete meine Antwort ab.

»Findest du?«, sagte ich.

»Ja«, sagte Vater, »und zwar so einen richtigen, schönen; nicht so einen murkligen, der schon umkippt, wenn man bloß mal eine Walnuss dranhängt.«

Bei dem Wort Walnuss richtete ich mich auf. Ob man nicht vielleicht auch ein paar Lebkuchen kriegen könnte zum Dranhängen?

Vater räusperte sich. »Gott –«, sagte er, »warum nicht; mal mit Frieda reden.«

»Vielleicht«, sagte ich, »kennt Frieda auch gleich jemand, der uns einen Baum schenkt.«

Vater bezweifelte das. Außerdem: So einen Baum, wie er ihn sich vorstellte, den verschenkte niemand, der wäre ein Reichtum, ein Schatz wäre der.

Ob er vielleicht eine Mark wert wäre, fragte ich.

»Eine Mark –?!« Vater blies verächtlich die Luft durch die Nase: »Mindestens zwei.«

»Und wo gibt's ihn?«

»Siehst du«, sagte Vater, »das überleg ich auch gerade.«

»Aber wir können ihn doch gar nicht kaufen«, sagte ich. »Zwei Mark: Wo willst du die denn jetzt hernehmen?«

Vater hob die Petroleumlampe auf und sah sich im Zimmer um. Ich wusste, er überlegte, ob sich vielleicht noch was ins Leihhaus bringen ließe; es war aber schon alles drin, sogar das Grammofon, bei dem ich so geheult hatte, als der Kerl hinter dem Gitter mit ihm weggeschlurft war.

Vater stellte die Lampe wieder zurück und räusperte sich. »Schlaf erst mal; ich werde mir den Fall durch den Kopf gehen lassen.«

In der nächsten Zeit drückten wir uns bloß immer an den Weihnachtsbaumverkaufsständen herum. Baum auf Baum bekam Beine und lief weg; aber wir hatten immer noch keinen.

»Ob man nicht doch –?«, fragte ich am fünften Tag, als wir gerade wieder im Museum unter dem Dinosauriergerippe an der Heizung lehnten.

»Ob man was?«, fragte Vater scharf.

»Ich meine, ob man nicht doch versuchen sollte, einen gewöhnlichen Baum zu kriegen?«

»Bist du verrückt?!« Vater war empört. »Vielleicht so einen Kohlstrunk, bei dem man nachher nicht weiß, soll es ein Handfeger oder eine Zahnbürste sein? Kommt gar nicht infrage.«

Doch was half es; Weihnachten kam immer näher und näher. Anfangs waren die Christbaumwälder in den Straßen noch aufgefüllt worden; aber allmählich lichteten sie sich, und eines Nachmittags waren wir Zeuge, wie der fetteste Christbaumverkäufer vom Alex, der Kraftriemen-Jimmy, sein letztes Bäumchen, ein wahres Streichholz von einem Baum, für drei Mark fünfzig verkaufte, aufs Geld spuckte, sich aufs Rad schwang und wegfuhr.

Nun fingen wir doch an, traurig zu werden. Nicht schlimm; aber immerhin, es genügte, dass Frieda die Brauen noch mehr zusammenzog, als sie es sonst schon zu tun pflegte, und dass sie uns fragte, was wir denn hätten.

Wir hatten uns zwar daran gewöhnt, unseren Kummer für uns zu behalten, doch diesmal machten wir eine Ausnahme, und Vater erzählte es ihr.

Frieda hörte aufmerksam zu. »Das ist alles?«

Wir nickten.

»Ihr seid aber komisch«, sagte Frieda; »wieso geht ihr nicht einfach in den Grunewald, einen klauen?« Ich habe Vater schon häufig empört gesehen, aber so empört wie an diesem Abend noch nie.

Er war kreidebleich geworden. »Ist das dein Ernst?«, fragte er heiser.

Frieda war sehr erstaunt. »Logisch«, sagte sie; »das machen doch alle.«

»Alle –!«, echote Vater dumpf. »Alle –!« Er erhob sich steif und nahm mich bei der Hand. »Du gestattest wohl«, sagte er daraufhin zu Frieda, »dass ich den Jungen zuerst nach Hause bringe, ehe ich dir darauf die gebührende Antwort erteile.«

Er hat sie ihr nie erteilt. Frieda war vernünftig; sie tat so, als ginge sie auf Vaters Zimperlichkeit ein, und am nächsten Tag entschuldigte sie sich.

Doch was nützte das alles; einen Baum, gar einen Staatsbaum, wie Vater ihn sich vorstellte, hatten wir deshalb noch lange nicht.

Aber dann – es war der 23. Dezember, und wir hatten eben wieder unseren Stammplatz unter dem Dinosauriergerippe bezogen – hatte Vater die große Erleuchtung.

»Haben Sie einen Spaten?«, fragte er den Museumswärter, der neben uns auf seinem Klappstuhl eingenickt war.

»Was?!«, rief der und fuhr auf. »Was habe ich?!«

»Einen Spaten, Mann«, sagte Vater ungeduldig; »ob Sie einen Spaten haben.«

Ja, den hätte er schon.

Ich sah unsicher an Vater empor. Er sah jedoch leidlich normal aus; nur sein Blick schien mir eine Spur unsteter zu sein als sonst.

»Gut«, sagte er jetzt, »wir kommen heute mit zu Ihnen nach Hause, und Sie borgen ihn uns.«

Was er vorhatte, erfuhr ich erst in der Nacht.

»Los«, sagte Vater und schüttelte mich, »steh auf.«

Ich kroch schlaftrunken über das Bettgitter. »Was ist denn bloß los?«

»Pass auf«, sagte Vater und blieb vor mir stehen: »Einen Baum stehlen, das ist gemein; aber sich einen borgen, das geht.« – »Borgen –?«, fragte ich blinzelnd.

»Ja«, sagte Vater. »Wir gehen jetzt in den Friedrichshain und graben eine Blautanne aus. Zu Hause stellen wir sie in die Wanne mit Wasser, feiern morgen dann Weihnachten mit ihr, und nachher pflanzen wir sie wieder am selben Platz ein. Na –?« Er sah mich durchdringend an. – »Eine wunderbare Idee«, sagte ich.

Summend und pfeifend gingen wir los; Vater den Spaten auf dem Rücken, ich einen Sack unter dem Arm. Hin und wieder hörte Vater auf zu pfeifen, und wir sangen zweistimmig »Morgen, Kinder, wird's was geben« und »Vom Himmel hoch, da komm ich her«. Wie immer bei solchen Liedern hatte Vater Tränen in den Augen, und auch mir war schon ganz feierlich zumute.

Dann tauchte vor uns der Friedrichshain auf, und wir schwiegen.

Die Blautanne, auf die es Vater abgesehen hatte, stand inmitten eines strohgedeckten Rosenrondells. Sie war gut anderthalb Meter hoch und ein Muster an ebenmäßigem Wuchs.

Da der Boden nur dicht unter der Oberfläche gefroren war, dauerte es auch gar nicht lange, und Vater hatte die Wurzeln freigelegt. Behutsam kippten wir den Baum darauf um, schoben ihn mit den Wurzeln in den Sack, Vater hing seine Joppe über das Ende, das raussah, wir schippten das Loch zu, Stroh wurde drübergestreut, Vater lud sich den Baum auf die Schulter, und wir gingen nach Hause. Hier füllten wir die große Zinkwanne mit Wasser und stellten den Baum rein.

Als ich am nächsten Morgen aufwachte, waren Vater und Frieda schon dabei, ihn zu schmücken. Er war jetzt mithilfe einer Schnur an der Decke befestigt, und Frieda hatte aus Stanniolpapier allerlei Sterne geschnitten, die sie an seinen Zweigen aufhängte; sie sahen sehr hübsch aus. Auch einige Lebkuchenmänner sah ich hängen. Ich wollte den beiden den Spaß nicht verderben; daher tat ich so, als schliefe ich noch. Dabei überlegte ich mir, wie ich mich für ihre Nettigkeit revanchieren könnte.

Schließlich fiel es mir ein: Vater hatte sich einen Weihnachtsbaum geborgt, warum sollte ich es nicht fertigbringen, mir über die Feiertage unser verpfändetes Grammofon auszuleihen? Ich tat also, als wachte ich eben erst auf, bejubelte vorschriftsmäßig den Baum, und dann zog ich mich an und ging los.

Der Pfandleiher war ein furchtbarer Mensch; schon als wir zum ersten Mal bei ihm gewesen waren und Vater ihm seinen Mantel gegeben hatte, hätte ich dem Kerl sonst was zufügen mögen; aber jetzt musste man freundlich zu ihm sein. Ich gab mir auch große Mühe. Ich erzählte ihm was von zwei Großmüttern und »gerade zu Weihnachten« und »letzter Freude auf alte Tage« und so, und plötzlich holte der Pfandleiher aus und haute mir eine runter und sagte ganz ruhig: »Wie oft du sonst schwindelst, ist mir egal; aber zu Weihnachten wird die Wahrheit gesagt, verstanden?«

Darauf schlurfte er in den Nebenraum und brachte das Grammofon an. »Aber wehe, ihr macht was an ihm kaputt! Und nur für drei Tage! Und auch bloß, weil du's bist!«

Ich machte einen Diener, dass ich mir fast die Stirn an der Kniescheibe stieß; dann nahm ich den Kasten unter den einen, den Trichter unter den anderen Arm und rannte nach Hause.

Ich versteckte beides erst mal in der Waschküche. Frieda allerdings musste ich einweihen, denn die hatte die Platten; aber Frieda hielt dicht.

Mittags hatte uns Friedas Chef, der Destillenwirt, eingeladen. Es gab eine tadellose Nudelsuppe, anschließend Kartoffelbrei mit Gänseklein. Wir aßen, bis wir uns kaum noch erkannten; darauf gingen wir, um Kohlen zu sparen, noch ein bisschen ins Museum zum Dinosauriergerippe; und am Nachmittag kam Frieda und holte uns ab.

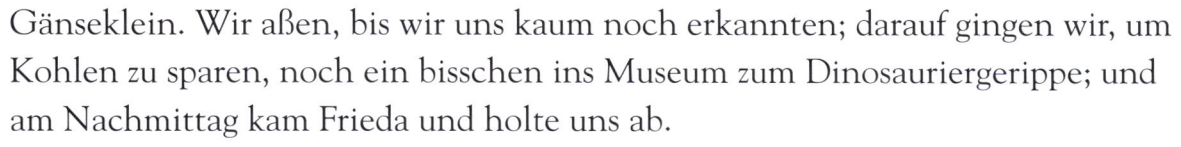

Zu Hause wurde geheizt. Dann packte Frieda eine Riesenschüssel voll übrig gebliebenem Gänseklein, drei Flaschen Rotwein und einen Quadratmeter Bienenstich aus, Vater legte für mich seinen Band Brehms Tierleben auf den Tisch, und im nächsten unbewachten Augenblick lief ich in die Waschküche runter, holte das Grammofon rauf und sagte Vater, er sollte sich umdrehen.

Er gehorchte auch; Frieda legte die Platten raus und steckte die Lichter an, und ich machte den Trichter fest und zog das Grammofon auf.

»Kann ich mich umdrehen?«, fragte Vater, der es nicht mehr aushielt, als Frieda das Licht ausgeknipst hatte.

»Moment«, sagte ich; »dieser verdammte Trichter – denkst du, ich krieg das Ding fest?«

Frieda hüstelte.

»Was denn für einen Trichter?«, fragte Vater.

Aber da ging es schon los. Es war »Ihr Kinderlein kommet«; es knarrte zwar etwas, und die Platte hatte wohl auch einen Sprung, aber das machte nichts. Frieda und ich sangen mit, und da drehte Vater sich um. Er schluckte erst und zupfte sich an der Nase, aber dann räusperte er sich und sang auch mit.

Als die Platte zu Ende war, schüttelten wir uns die Hände, und ich erzählte Vater, wie ich das mit dem Grammofon gemacht hätte.

Er war begeistert. »Na –?«, sagte er nur immer wieder zu Frieda und nickte dabei zu mir rüber: »Na –?«

Es wurde ein sehr schöner Weihnachtsabend. Erst sangen und spielten wir die Platten durch; dann spielten wir sie noch mal ohne Gesang; dann sang Frieda noch mal alle Platten allein; dann sangen wir sie mit Vater noch mal, und dann aßen wir und tranken den Wein aus, und darauf machten wir noch ein bisschen Musik; dann brachten wir Frieda nach Hause und legten uns auch hin.

Am nächsten Morgen blieb der Baum noch aufgeputzt stehen. Ich durfte liegen bleiben, und Vater machte den ganzen Tag Grammofonmusik und pfiff zweite Stimme dazu.

Dann, in der folgenden Nacht, nahmen wir den Baum aus der Wanne, steckten ihn, noch mit den Stanniolpapiersternen geschmückt, in den Sack und brachten ihn zurück in den Friedrichshain.

Hier pflanzten wir ihn wieder in sein Rosenrondell. Darauf traten wir die Erde fest und gingen nach Hause. Am Morgen brachte ich dann auch das Grammofon weg.

Den Baum haben wir noch häufig besucht; er ist wieder angewachsen. Die Stanniolpapiersterne hingen noch eine ganze Weile in seinen Zweigen, einige sogar bis in den Frühling.

Vor ein paar Monaten habe ich mir den Baum wieder mal angesehen. Er ist jetzt gute zwei Stock hoch und hat den Umfang eines mittleren Fabrikschornsteins. Es mutet merkwürdig an, sich vorzustellen, dass wir ihn mal zu Gast in unserer Wohnküche hatten.

Alfons Schweiggert
Der winzige Tannenbaum

Es war einmal ein winziger Tannenbaum. Der war so klein wie ein Streichholz, nicht größer. Er hatte überhaupt keine Aussichten, ein Christbaum zu werden. Alle großen Leute wollten nämlich große Bäume, einen Meter fünfzig bis zwei Meter groß, und keinen zündholzkleinen Tannenbaum.
So stand nun die winzige Tanne auf dem Christbaummarkt und wartete und wartete.
Der Heilige Abend kam näher. Alle großen Tannen um sie herum waren schon verkauft. Der Weihnachtsbaumverkäufer kehrte bereits alle abgebrochenen Zweige und Äste zusammen, um sie in den Abfalleimer zu werfen. Gerade wollte er auch den Tannenwinzling aufkehren.
Da – sirr – zischte ein glühwürmchengroßes Englein vorbei, packte den kleinen Baum am Wipfel, und – hui – war es mit ihm schon auf und davon.
Der funkengroße Engel flog von Haus zu Haus und blickte in die Zimmer, in denen schon überall prachtvoll aufgeputzt die großen Christbäume standen. Plötzlich flog er an einem dunklen Fenster vorbei.
Als er genauer hineinblickte, sah er eine alte, kleine Frau am Tisch sitzen. Eine winzige Kerze brannte vor ihr. Dahinter stand eine winzige Krippe, geschnitzt aus Zündhölzern. Leise flog der Engel durchs Schlüsselloch ins Zimmer und

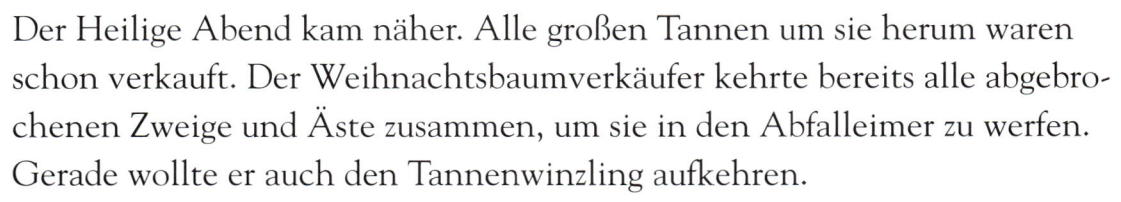

stellte den streichholzgroßen Tannenbaum neben die Streichholzkrippe. Die Frau erschrak, als sie den Engel sah. Der aber sagte: »Fürchte dich nicht. Ich bringe dir nur diesen Christbaum.«

Dann sang er drei fröhliche Weihnachtslieder, funkte dreimal hell auf und flog durch das Schlüsselloch davon.

»So etwas«, murmelte die alte Frau, »das war die größte Weihnachtsüberraschung in meinem Leben.«

Und zärtlich strich sie dem winzigen Tannenbaum über seine winzigen Zweige.

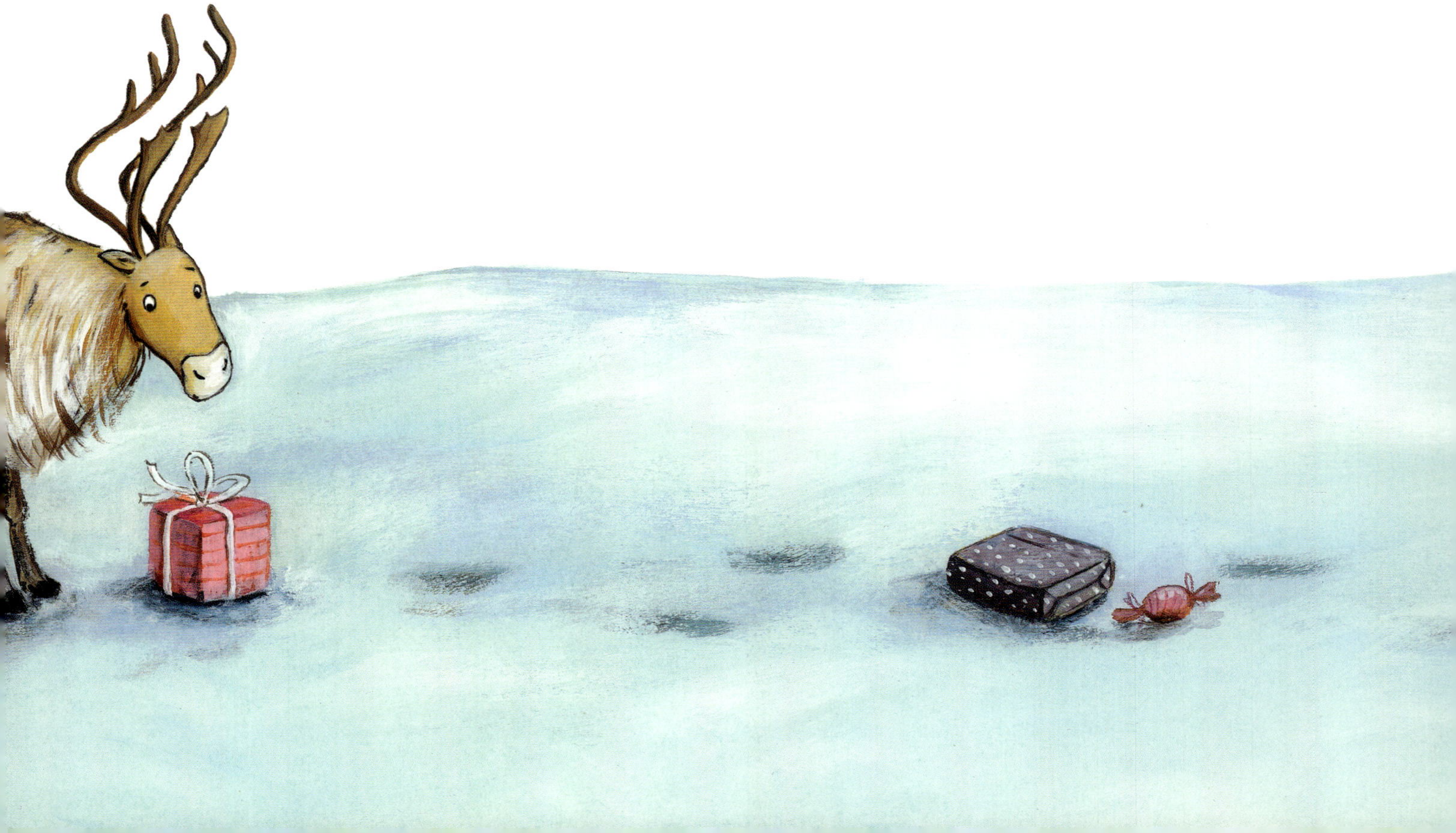

Schöne Bescherung

James Krüss
Schildkrötensuppe

Es war der vierundzwanzigste Dezember, und es schneite. Gleichmäßig und gleichmütig fiel der Schnee. Er fiel auf die Fabrik für künstliche Blumen, und sein frisches Weiß gab dem hässlichen Backsteinhaus etwas beinahe Heiteres. Er fiel auf die Villa des Fabrikanten, deren eckige Fassade er mit gefälligen Rundungen versah, und er fiel auf des Werkmeisters Einfamilienhaus, aus dem er ein drolliges Zuckerhäuschen machte.

In den Hallen der Fabrik war um diese Zeit keine Menschenseele. Ein missglücktes Veilchen aus Draht und Wachs sinnierte im Kehrichteimer vor sich hin, eine eiserne Tür zum Hof bewegte sich quietschend in den ausgeleierten Scharnieren. In der Villa nebenan telefonierte die Frau des Fabrikanten zum vierten Mal aufgeregt mit der Tierhandlung wegen der bestellten Schildkröte. Im Einfamilienhaus schrieb das jüngste der elf Kinder, die kleine Sabine, zum vierten Mal ihren Wunschzettel:

Lieber Weihnachtsmann, ich möchte eine Schildkröte haben!
Deine Sabine.

Die Frau des Fabrikanten erwartete die Schildkröte, um Suppe daraus zu kochen. Sabine erwartete sie als Spielgefährtin. Und der Zufall in Gestalt eines Botenjungen sprach die Schildkröte derjenigen zu, die sie verdiente.

Hier muss endlich bemerkt werden, dass die Villa und das Einfamilienhaus eine Kleinigkeit gemeinsam hatten: das Namensschild an der Tür. Auf beiden Schildern las man »Karl Moosmann«. Zwar las man bei dem Fabrikanten einen

Buchstaben mehr, nämlich »Karl F. Moosmann«. Aber für derlei Unterschiede haben Zufälle und Botenjungen kein Auge.
So kam es, dass die Schildkröte nicht in die Villa, sondern in das Einfamilienhaus gebracht wurde, wo man sie freudig und arglos in Empfang nahm.
Vater Moosmann glaubte weder an Engel, die als Botenjungen verkleidet kommen, noch an die Gaben guter Feen. Aber er glaubte daran, dass die kleinen Wünsche kleiner Kinder manchmal erfüllt werden, ohne dass man erklären kann, wie. Deshalb freute er sich, als der Zufall seinen Glauben bestätigte.
Sabine erhielt das unerwartete Geschenk schon vor der Bescherung. Die erste Begegnung mit dem Tier verlief für beide Teile etwas unglücklich. Die Schildkröte unterschied sich von der geliebten Bilderbuchschildkröte nämlich dadurch, dass sie zappelte, wenn man sie aufhob, und dass sie bei ungeschickter Berührung sogar fauchte. Das irritierte Sabine so heftig, dass sie das Tier fallen ließ. Zum Glück fiel es nicht tief. Sabine maß noch keinen Meter.
Das Mädchen konnte vor Schreck nur »plumps« sagen. Doch dann hob sie das Tier trotz der strampelnden Beine wieder auf, streichelte den hell- und dunkelbraun geschuppten Panzer und sagte: »Armer Plumps!« Und damit war das Tier getauft. Aus einer beliebigen Schildkröte war sie zu einer bekannten geworden, zur Schildkröte Plumps Moosmann.
Unterdessen telefonierte die Frau Moosmann aus der Villa zum fünften Mal mit der Tierhandlung, und ihre Stimme kippte zuweilen ein bisschen über: »… ist doch großer Unfug. Wie kann sie hier sein, wenn niemand sie gebracht hat? … Bitte? … Nein, Schildkrötensuppe! … Was sagten Sie? … Die letzte? Das wird ja immer heiterer! Ich habe sie doch zeitig genug bestellt! … Ist denn der Bote noch nicht zurück? … Wie? … Also, dann rufe ich in einer halben Stunde noch einmal an. Adieu!«

Der Hörer fiel scheppernd auf die Gabel und die Frau Moosmann aus der Villa in einen Sessel. Erst jetzt bemerkte sie, dass ihr Sohn Alexander in der Tür stand.
»Bekomme ich auch eine Schildkröte zu Weihnachten, Mama?«
»Die Schildkröte ist für die Suppe, Alex! Vater wünscht sich eine echte Mockturtlesuppe zum Fest. Berta soll sie zubereiten. Wir wissen nur nicht, wie das gemacht wird.«
Alexander zog eine Schnute, die ihm reizend stand, und wollte abziehen. Aber er besann sich anders, drehte sich noch einmal um und äußerte betont beiläufig: »Sabines Schildkröte heißt Plumps. Sie wird nicht zu Mucketurtelsuppe verarbeitet.« Dann wollte er endgültig gehen. Aber diesmal hielt die Mutter ihn zurück.
»Was ist das für eine Schildkröte, von der du sprichst, Alex?«
»Sabine hat heute Nachmittag eine Schildkröte zu Weihnachten bekommen. Sie weiß nicht, von wem. Sie heißt Plumps.«
»Heute Nachmittag, sagst du? Warte, bitte!«
Zum sechsten Mal an diesem Nachmittag telefonierte die Frau des Fabrikanten mit der Tierhandlung. Der Bote war gerade zurückgekommen und berichtete, dass er das Tier bei Karl Moosmann abgeliefert habe.
Damit war die Sache klar: Sabine hatte versehentlich die Schildkröte bekommen, die in die Villa bestellt war. Also wurde Alexander ins Nachbarhaus geschickt, um den Irrtum aufzuklären und die Schildkröte herüberzuholen. Die Moosmannkinder nebenan waren allesamt rothaarig. Das Rot ihrer Schöpfe reichte vom blassen Gold bis fast zum Zinnober. Sie waren gerade dabei, sich für die Bescherung umzuziehen, als Alexander herübergestürmt kam. So traf der Bub nur Mieze, die Älteste, die in der Küche stand und kochte. Die kleine Sabine bemerkte er nicht, denn sie hockte mit ihrer Schildkröte hinter der halb offenen Küchentür.
»Du, Mieze, es ist unsere Schildkröte!«, schrie er ohne jede Einleitung. »Wir brauchen sie für die Mucketurtelsuppe. Der Bote hat sie aus Versehen zu euch gebracht.«

»Mockturtlesuppe kocht man aus Kalbsköpfen und nicht aus Schildkröten«, bemerkte Mieze, denn sie besuchte eine Kochschule.
»Trotzdem ist es unsere Schildkröte. Wo ist sie?«
Mieze zuckte mit den Schultern und schielte unauffällig zur Küchentür. Aber weder Sabinchen noch die Schildkröte waren zu sehen. So gab sie Alexander den Rat, im ersten Stock nachzuforschen.

Im Mädchenzimmer des ersten Stocks fingen vier Moosmannmädchen bei Alexanders Eintritt zu kreischen an. Sie probierten gerade drei bunte neue Röcke an. Das belustigte Alexander. Aber die Schildkröte fand er hier nicht.
Im Jungenschlafzimmer spielte er mit drei Moosmannbuben Domino. Das war aufregend. Aber die Schildkröte hatte er noch immer nicht.
Auf der Treppe lief er Vater Moosmann in den Weg, der schon von der Verwechslung gehört hatte und die Stirn krauste. »Wenn die Schildkröte euch gehört, muss Sabine sie zurückgeben«, meinte er. »Es gibt ja noch mehr Schildkröten auf der Welt. Sag deiner Mutter, wir bringen das Tier, sobald wir Sabine gefunden haben.«

Alexander raste mit dieser Nachricht in die Villa zurück, und zehn Moosmannkinder suchten Sabine und ihre Schildkröte.

Eine Stunde später suchte man das Schwesterchen immer noch. Schließlich wurde Mieze in die Fabrikantenvilla geschickt, um nachzuforschen, ob Sabine vielleicht schon dort sei. Aber auch dort war das Mädchen nicht.

Erst jetzt begriff Mieze, was geschehen war: Sabine hatte die Unterhaltung in der Küche belauscht und sich mit ihrer Schildkröte irgendwo versteckt, um das Tier behalten zu können. Aber wo hatte sie sich versteckt?

Mieze erzählte der Fabrikantenfrau von ihrer Vermutung und fügte hinzu:

»Echte Mockturtlesuppe wird übrigens aus Kalbskopf hergestellt, obwohl man sie fälschlich auch Schildkrötensuppe nennt.«

»Sind Sie ganz sicher?«

»Ganz sicher«, antwortete Mieze. »Ich besuche einen Kochkursus. Die richtige Schildkrötensuppe wird Lady Curzon genannt. In unserem Kurs ist es aber verboten, sie zu kochen, weil die Tiere dafür auf grausame Weise umgebracht werden.«

»Wie entsetzlich!«, sagte die Fabrikantenfrau. »Unter diesen Umständen erlaube ich Sabine, die Schildkröte zu behalten.«

»Vorausgesetzt, wir finden Sabine«, sagte Mieze und verließ die Villa. Draußen schneite es noch immer. Es dunkelte schon, und die Stunde der Bescherung rückte näher. Aber im Haus der Moosmannkinder zeigte sich keine Sabine.

Hin und wieder kam Alexander von der Villa herüber und fragte, ob das Mädchen gefunden sei. Aber er kehrte jedes Mal ergebnislos zu seiner Mama zurück.

Gegen halb fünf zog die Fabrikantenfrau ihren Pelzmantel an und ging selbst ins Nachbarhaus. Obschon sie für die heillose Verwechslung nichts konnte, fühlte sie eine Art Mitschuld.

Mutter Moosmann saß als ein Häufchen Elend in der Küche. Vater Moosmann donnerte sinnlose Befehle ins Haus und scheuchte seine Kinder in die entferntesten Winkel.

In diesem Wirrwarr verwandelte sich die nervöse Aufregung der Fabrikantenfrau plötzlich in erstaunliche Tatkraft.

»Frau Moosmann, bereiten Sie die Bescherung vor!«, sagte sie in so entschiedenem Ton, dass Mutter Moosmann wirklich aufstand und sich am Küchentisch zu schaffen machte.

»Glauben Sie, wir finden Sabine?« Mutter Moosmann schluckte bei der Frage.

»Wir werden sie alle zusammen suchen«, lautete die Antwort. »Und ich bin sicher, wir finden sie.«

Unter Leitung der Frau Moosmann aus der Villa begann eine planmäßige Suche durch das ganze Haus, an der Vater Moosmann sich merkwürdig widerspruchslos beteiligte. Der Kloß in seiner Kehle wurde immer kleiner, als er eine Aufgabe hatte.

Aber der Kloß wuchs zur alten Größe an, als nach einer halben Stunde das Ergebnis der Suche feststand: Sabine war nicht im Haus.

Jetzt war Frau Moosmann aus der Villa nicht mehr so zuversichtlich wie zuvor. Aber sie zwang sich, es niemanden merken zu lassen. »Sabine hat das Haus verlassen«, stellte sie mit betont sachlicher Stimme fest. »Wir müssen die ganze Nachbarschaft durchkämmen. Ich habe einen Mann, einen Sohn und zwei Dienstboten. Die werden mitsuchen. Jeder bekommt ein Revier. Ich übernehme die Fabrik.«

Zunächst wurde von der Villa aus mit der Polizei telefoniert. Aber die hatte kein Mädchen mit einer Schildkröte aufgegriffen. Immerhin wollte sie die Augen offen halten.

Dann schwärmte man, einschließlich Fabrikant und Hausmädchen, nach einem genau durchdachten Plan unter dem wirbelnden Schnee in die Häuser und Gassen der Nachbarschaft aus. Frau Moosmann aus der Villa schritt entschlossen in den Hof der Fabrik und entdeckte hier eine weit offen stehende Eisentür.

Als sie durch die Tür in die Fabrik trat und das Licht einschaltete, hörte sie aus einer entfernten Ecke der riesigen Halle eine Art leises Quieken. Sie wandte den Kopf und entdeckte rechts hinten in der Ecke ein ganz in sich zusammengekrümmtes Geschöpfchen: Sabine.

»Aber Kind, was machst du denn da?« Ihre Stimme hallte kalt und fremd durch den Raum.

»Du kriegst die Schildkröte nicht!«, schrie das Mädchen. »Plumps gehört mir!«

Erst jetzt bemerkte die Fabrikantenfrau, dass Sabine auf einer Kiste hockte, die Schildkröte auf dem Schoß.

Sie schritt quer durch die Halle auf das Mädchen zu, das noch mehr in sich zusammenkroch und ihr mit großen, ängstlichen Augen entgegensah.

»Du kannst die Schildkröte behalten, Sabine. Ich brauche sie nicht mehr.«

Das Kind umklammerte die Schildkröte. Ihre Augen verrieten Zweifel.

Die Fabrikantenfrau war verwirrt – und wiederholte: »Du kannst die Schildkröte behalten!«

Als sie fast vor Sabine stand, rief das Mädchen: »Du lügst! Du willst Suppe aus ihr kochen! Aber man kann die Suppe auch aus Kalbsköpfen kochen, sagt Mieze.«

Jetzt musste Frau Moosmann lachen. »Du hast recht«, gab sie zu. »Die Suppe

macht man aus Kalbskopf. Deshalb brauche ich überhaupt keine Schildkröte.«
»Schwöre, dass es meine Schildkröte ist!«
Halb befremdet, halb belustigt legte Frau Moosmann eine Hand auf das Herz, hob die andere zum Schwur und versicherte feierlich: »Ich schwöre, dass die Schildkröte mit Namen Plumps der Sabine Moosmann gehört.«
»Jetzt glaube ich dir.« Das Mädchen stand auf und fügte hinzu: »Die Menschen sind nicht lieb, wenn sie Schildkrötensuppe kochen. Sie machen das sehr grausam.«

»Das hat mir deine Schwester schon erzählt«, sagte die Fabrikantenfrau. »Was für ein Glück, dass der gütige Zufall die Schildkröte zu euch gebracht hat, Sabine. In Zukunft werde ich nie mehr Schildkrötensuppe essen, auch nicht einen Löffel voll. Aber jetzt komm, Sabine. Wir müssen heim. Ich glaube, du hast dich erkältet. Und Plumps muss auch in die Wärme zurück. Die meisten Schildkröten halten nämlich um diese Zeit ihren Winterschlaf.«
»Weiß ich«, sagte Sabine altklug. »Ich muss eine Kiste mit Torf für Plumps besorgen.«

Plötzlich begann die Schildkröte, heftig mit den Beinen zu strampeln, und Sabine fing an zu niesen. Da ergriff die Fabrikantenfrau entschlossen die freie Hand des Mädchens und ging mit ihr durch den fallenden Schnee hinüber zum Haus der Moosmannkinder.

Unterwegs meinte Sabine: »Wenn du keine Suppe aus Schildkröten kochst, könntest du dir eigentlich eine Schildkröte zum Spielen anschaffen.«

»Geht nicht, Sabine. Plumps war die letzte Schildkröte in der Tierhandlung. Die anderen liegen im Winterschlaf.«

Das kleine Mädchen blieb plötzlich stehen, zögerte einen kurzen Augenblick, blickte die Schildkröte an, die sich in ihrem Panzer verkrochen hatte, und legte sie sanft der Frau Moosmann in den Arm. »Ich schenk sie dir zu Weihnachten. Es gibt ja noch andere Schildkröten. Ich bestell mir eine im Frühjahr.«

Frau Moosmann aus der Villa sah verwirrt auf die Schildkröte, die auf dem weichen Pelz des Mantels vorsichtig den Kopf vorstreckte.

»Es gefällt ihr bei dir«, sagte Sabine.

»Trotzdem glaube ich, dass du mehr Zeit für die Schildkröte hast als ich, Sabine. Ich gebe dir das Geschenk zurück.«

Wieder wechselte das verängstigte Tier den Besitzer.

Sabine strahlte. »Du hast recht«, meinte sie. »Ich kann mich mehr um Plumps kümmern als du. Außerdem ist sie ja schon an mich gewöhnt. Du bist viel netter, als ich dachte. Vielen, vielen Dank und fröhliche Weihnachten.«

Die Fabrikantenfrau schluckte ein bisschen und sagte: »Fröhliche Weihnachten, Sabine!«

Dann wanderten sie Hand in Hand weiter und wurden bald von den Flocken verdeckt, die gleichmäßig und gleichmütig auf Gerechte wie auf Ungerechte fielen.

Christine Nöstlinger
Die gerechte Verteilung

Der Franz ist acht Jahre und acht Monate alt. Er wohnt mit seiner Mama, seinem Papa und seinem großen Bruder, dem Josef, in der Hasengasse. Seine Freundin, die Gabi, wohnt gleich nebenan in der Wohnung. Sie ist so alt wie der Franz. Hin und wieder passiert es dem Franz, dass ihn jemand für ein Mädchen hält. Weil er blonde Ringellocken hat und einen Herzkirschenmund. Und veilchenblaue Sternenaugen.
Früher hat das den Franz sehr zornig gemacht. Doch dann hat die Gabi einmal zu ihm gesagt: »Dass man dich für ein Mädchen hält, das passiert dir nur, weil du für einen Buben einfach zu schön bist.«
Und da hat sich der Franz gedacht: Also, wenn das so ist, dann kann ich ja froh sein. Dabei ist der Franz überhaupt nicht eitel. Es ist für ihn nur sehr wichtig, dass ihn die Gabi schön findet. Sie hat nämlich auch einmal zum Franz gesagt: »Wirklich lieben kann ich nur wirklich schöne Menschen.« Und der Franz möchte von der Gabi wirklich geliebt werden! Aber er ist sich nie ganz sicher, ob ihn die Gabi wirklich liebt.
Zu Weihnachten fährt die Gabi nämlich immer mit ihren Eltern zu ihrer Tante Anneliese. Und bei der gibt es einen Peter. Der ist ein Patenkind von der Tante Anneliese. Von diesem Peter erzählt die Gabi dem Franz die tollsten Sachen. Angeblich kann der Peter über eine zwei Meter hohe Mauer springen. Und beim Raufen gegen drei große Jungen gewinnen. Und bis in den Wipfel einer riesigen Tanne klettern. Wunderbar singen kann er auch. Und aus Holz schnitzt er glatt eine Mickymaus. Beim Skirennen gewinnt er immer den ersten Preis. Und außerdem ist er schrecklich klug und gebildet. Er weiß einfach alles!

»Wenn der Peter groß ist«, sagt die Gabi oft zum Franz, »dann bekommt er unter Garantie den Nobelpreis.«

Aber wenigstens hat die Gabi dem Franz noch nie vorgeschwärmt, dass dieser Peter »wirklich schön« ist. Das beruhigt den Franz ein bisschen.

Wenn der Franz wollte, könnte er ja mitkommen zur Tante von der Gabi. Doch Weihnachten ohne Mama und Papa, Oma und Josef kann sich der Franz nicht gut vorstellen. Und Weihnachten mit diesem Peter kann er sich noch weniger gut vorstellen.

Der Franz nimmt es der Gabi sehr übel, dass sie zu Weihnachten nicht daheimbleibt.

Jedes Jahr will er sie dazu überreden, nicht wegzufahren.

Er sagt: »So lass doch deine Eltern allein fahren. Du kannst ja bei uns schlafen und essen. Und ich spiele auch jeden Tag mit dir Friseur und Kochen.«

Friseur-Spielen und Kochen-Spielen sind die Lieblingsspiele der Gabi. Und für den Franz ist es eine große Überwindung, der Gabi dieses Angebot zu machen. Er spielt weder gern Friseur noch Kochen.

Aber die Gabi ist stur und will trotzdem lieber zur Tante Anneliese und zum Peter. Weihnachten auf dem Land gefällt ihr viel besser als Weihnachten in der Stadt.

Gleich am letzten Schultag vor Weihnachten fahren die Gabi und ihre Eltern los. Und darum beschenken der Franz und die Gabi einander auch schon einen Tag vor dem Heiligen Abend. Sie machen das sehr feierlich. Die Gabi hat einen winzigen Puppenchristbaum aus Plastik. An dem sind noch winzigere elektrische Kerzen.

Die Gabi legt ein weißes Tischtuch über ihren Schreibtisch, darauf stellt sie den Puppenchristbaum und knipst ihn an. Dann singt sie mit dem Franz: »Kommet, ihr Hirten, ihr Männer und Frau'n …« Und dann tauschen der Franz und die Gabi ihre Päckchen aus.

Der Franz tut immer so, als ob er sich über die Geschenke von der Gabi sehr freuen würde. Doch da muss er ziemlich mogeln. Die Gabi schenkt dem Franz nämlich immer sehr sonderbare Sachen. Vor vier Jahren hat sie ihm einen Ansteckknopf mit der Aufschrift »Kaufe nur Pfandflaschen« geschenkt. Einen mit einer verbogenen Nadel hintendran.

Vor drei Jahren hat sie ihm eine Duschhaube geschenkt. Eine mit Gummizug. Und das Gummi war schon total ausgeleiert.

Vor zwei Jahren hat sie ihm vier blecherne Quakfrösche geschenkt. Die waren auf der Bauchseite alle ganz rostig. Und voriges Jahr hat sie ihm einen Nussknacker geschenkt. Aber nicht so einen hübschen bunten Holzsoldaten, dem man die Nüsse in den Mund schiebt. Nein, einen ganz gewöhnlichen aus Messing, mit lockerem Scharnier!

Was der Franz dieses Jahr von der Gabi bekommt, weiß er auch schon. In der Schreibtischschublade bei der Gabi hat er einen Zettel entdeckt. Auf den hatte die Gabi geschrieben, was sie wem schenken wird. Hinter PETER war noch ein großes Fragezeichen. Hinter FRANZ stand: drei Schraubenzieher.

Der Franz wüsste nicht, was er weniger brauchen könnte als drei Schraubenzieher. Er schraubt nie! Und wenn er es wollte, könnte er sich jede Menge Schraubenzieher aus dem Werkzeugkasten vom Papa borgen.
Der Franz hat den schweren Verdacht, dass die Gabi gar nie Weihnachtsgeschenke für ihn besorgt, sondern ihm bloß alten Kram schenkt, den keiner mehr braucht.
Doch die drei Schraubenzieher findet der Franz nicht so übel. Die hat er schon verplant. Er wird sie an den Josef weiterschenken. Der Josef nagelt, feilt und schraubt gern herum.
Was der Franz der Gabi dieses Jahr schenkt, muss er sich noch gut überlegen. Da gibt es in einem Schaufenster vom Papierwarengeschäft ein rosa Briefpapier mit violettem Zierrand aus Veilchengirlanden. Das bewundert die Gabi jeden Tag. So richtig auffällig tut sie es. Ganz so, als ob sie dem Franz einen Hinweis geben wollte.
Und das rote Stirnband im Schaufenster der Parfümerie gefällt ihr auch sehr gut. Das will sie sich von ihrem Taschengeld zusammensparen, hat sie gesagt.
Das Briefpapier kostet doppelt so viel wie das Stirnband. Der Franz ist sich ganz sicher, dass sich die Gabi viel mehr über das Briefpapier freuen würde als über das Stirnband.
Aber er ist sich nicht ganz sicher, ob man für jemanden, dem man bloß drei Schraubenzieher wert ist, so viel Geld ausgeben soll.
Die Mama vom Franz meint: »Sei nicht so kleinlich. Beim Schenken darf man nicht rechnen.«
Der Papa vom Franz meint: »Schenk ihr lieber einen alten Hosenknopf. So ein geiziges Stück verdient nicht mehr.«
An einem Tag findet der Franz, dass die Mama recht hat. An einem anderen Tag findet der Franz, dass der Papa recht hat. Je nachdem, ob die Gabi gerade lieb oder böse zu ihm ist.

Am 23. Dezember kamen der Franz und die Gabi schon um zehn Uhr aus der Schule. Vor der Wohnungstür vom Franz sagte die Gabi: »In fünf Minuten machen wir Bescherung. Komm ja nicht später! Wir fahren um elf!«

Der Franz klingelte pünktlich fünf Minuten später bei der Gabi. Unter dem Arm hatte er sein Geschenk. Das Briefpapier.

Die Gabi öffnete dem Franz die Tür. Sie war total verzweifelt. »Der Puppenchristbaum ist kaputt!«, jammerte sie. »Und meine Eltern sind so gemein und wollen ihn nicht reparieren!«

»Was heißt da, nicht wollen!«, rief der Gabi-Papa. »Wir sind doch keine Elektriker!«

Und die Gabi-Mama rief: »Außerdem haben wir keine Zeit! Wir müssen Koffer packen!«

Der Franz sagte: »Geht ja auch ohne brennende Kerzen.« Es ist doch keine Festbeleuchtung nötig, fand er, wenn man drei Schraubenzieher bekommt.

Doch die Gabi jammerte weiter, und da meinte ihre Mama: »So nimm halt echte Kerzen. Im Schrank muss noch ein Karton mit Christbaumschmuck sein.«

Die Gabi holte den Karton aus dem Schrank und war getröstet.

»Jetzt wird es ja noch viel feierlicher!«, rief sie. Sie schob den Franz ins Wohnzimmer und drückte ihn auf die Sitzbank. »Du wartest, bis ich fertig bin«, sagte sie. »Damit es eine Überraschung wird.«

Der Franz hockte auf der Sitzbank und wartete. Eine Minute verging, noch eine Minute verging, noch zwei Minuten vergingen und dann wieder zwei. Dem Franz wurde langweilig. Er stand auf. Er wanderte im Wohnzimmer auf und ab. Und wie er an der Kommode vorbeikam, sah er dort zwei schmale, lange Päckchen liegen. Gleich schmal, gleich lang. In Silberpapier waren sie gewickelt. Mit rotem Band waren sie verschnürt. Unter dem roten Band steckte auf jedem Paket ein Kärtchen. Auf dem einen stand FRANZ. Auf dem anderen PETER.

Der Franz dachte: Kriegt der Kerl auch drei Schraubenzieher von ihr? Um festzustellen, ob er richtig gedacht hatte, betastete der Franz das PETER-Päckchen. Er spürte in der Mitte etwas hartes Rundes und rechts und links davon etwas schmales Weiches. Und der Franz hörte auch etwas. Aus dem Päckchen tickte es! Das war ja nun der Gipfel! Der Franz sollte drei Schraubenzieher bekommen! Und dieser Peter sollte eine Uhr bekommen!

Der Franz dachte: Jetzt gehe ich sofort mit meinem schönen Briefpapier heim. Und rede mit der Gabi mein Leben lang kein Wort mehr. Der Franz war schon auf dem Weg in den Flur, da durchzuckte ihn ein Geistesblitz! Er machte kehrt und lief zur Kommode zurück. Er zog die zwei Kärtchen unter den Bändern hervor und steckte das FRANZ-Kärtchen auf das PETER-Paket und das PETER-Kärtchen auf das FRANZ-Paket. Kaum war er damit fertig, kam die Gabi.

»Es ist so weit!«, rief sie, nahm das Paket mit dem FRANZ-Kärtchen und führte den Franz in ihr Zimmer. Echt feierlich sah es dort aus. Die Rollos waren heruntergezogen. Quer durch das Zimmer war ein Seil gespannt, von dem baumelten viele sprühende Wunderkerzen. Auf dem Schreibtisch lagen eine Menge glitzernde Christbaumkugeln, zwischen denen rote Kerzen flackerten. Und von der Deckenlampe schwebten Lamettafäden herunter.

Der Franz war tief beeindruckt. Er sang mit der Gabi »Kommet, ihr Hirten …«. Dann überreichte er der Gabi das Briefpapier, und die Gabi überreichte ihm das FRANZ-Paket.

Die Gabi riss sofort das Einwickelpapier von ihrem Geschenk. Sie hüpfte vor Freude auf einem Bein durch das Zimmer und rief dabei: »Genau dieses Papier habe ich mir gewünscht! Franz, du bist ein Schatz!«

Dann sagte sie zum Franz: »So mach doch dein Geschenk auch auf.«

Der Franz knüpfte die rote Schleife auf. »Hoffentlich gefällt es dir«, sagte die Gabi. Der Franz löste den Tesastreifen vom Silberpapier.

»Es ist etwas sehr Praktisches«, sagte die Gabi. Der Franz wickelte das Silberpapier auf. Dabei stellte er sich so hin, dass die Gabi nicht ins geöffnete Päckchen sehen konnte. »O Gabi!«, rief er. »Du bist auch ein Schatz!« Die Gabi hüpfte auf einem Bein zur Tür und brüllte zum Wohnzimmer hin: »Mama! Er freut sich! Du hast unrecht gehabt!«

Dann drehte sie sich zum Franz und sagte: »Meine Mama hat nämlich behauptet, dass das kein gutes Geschenk für dich ist.«

Der Franz nahm die Uhr aus dem Silberpapier. Sie hatte ein rotes Armband, ein weißes Zifferblatt und darauf, statt der Ziffern, zwölf kleine rote Herzen. Eine ganz prächtige Uhr war das! Der Franz hob die Uhr hoch und rief: »Genau diese Uhr habe ich mir gewünscht!«

Die Gabi starrte auf die Uhr. Mit kugelrunden Augen und offenem Mund starrte sie.

Der Franz sagte: »Weil wir so gute Freunde sind, wissen wir eben genau, was dem anderen gefällt.«

»Aber eigentlich …«, sagte die Gabi, »also eigentlich …« Dann schwieg sie und schaute drein, als ob sie Zahnweh hätte.

»Ist was?«, fragte der Franz.

Die Gabi schluckte. Schluckte einmal, schluckte zweimal, schluckte dreimal. Dann sagte sie: »Nein, nein. Gar nichts ist.«

Der Franz gab der Gabi einen Kuss auf die rechte Wange und einen auf die linke. »Schöne Weihnachten noch«, sagte er und lief mit seiner Herzchen-Uhr nach Hause. Ein schlechtes Gewissen hatte er nicht. Ganz im Gegenteil! Er war überzeugt, bloß eine große, jahrelange Ungerechtigkeit endlich aus der Welt geschafft zu haben.

Jutta Richter
Die Sache mit dem Zwerghuhn

»Du kriegst kein Huhn!«, hatte Herbert jedes Mal gesagt.
»Wo willst du denn hin damit? Und im Urlaub? Wer kümmert sich dann ums Huhn?«
Das war auf dem Wochenmarkt gewesen.
Mama hatte vor den Käfigen gestanden. Schon eine halbe Stunde lang. Mama hatte mit den Hühnern gesprochen, hatte ganz leise gegackert und gegurrt, und die Hühner hatten Mama geantwortet. Sogar der Hahn war näher gekommen, und Mama hatte ihn gekrault.
»Komm endlich«, hatte Herbert jedes Mal gesagt. »Wir müssen nach Hause.«
Aber Mama hatte sich nicht von der Stelle gerührt. Hatte getan, als ob sie gar nichts hören würde, und einfach weitergegackert.
Und die Leute hatten gegrinst. »So eine Verrückte! Mit Hühnern sprechen!«
»Na, junge Frau! Früher selber mal Huhn gewesen?«, hatte der Hühnerhändler gefragt.
Und da hatte Herbert Mama weitergezogen. Bloß weg von den Hühnern. Bloß weg.
»Vielleicht ein ganz kleines Huhn?«, hatte Mama gefragt. »Ein winzig kleines Huhn. Herbert, das würde doch nicht stören! Das könnte auf der Wiese rumlaufen und Würmer fressen!«
»Und alles vollscheißen! Und im Winter? Was machst du im Winter mit dem Huhn?«
»Wir haben doch den Kaninchenstall!«, hatte Mama gesagt.
»Der ist viel zu klein!«

»Aber Herbert, kleine Hühner brauchen doch kleine Ställe!«
»Es gibt kein Huhn und basta!« Das war jedes Mal Herberts letztes Wort gewesen, und Mama hatte die Lippen so fest zusammengepresst, dass sie nur noch ein schmaler Strich in ihrem Gesicht waren.
Dann kam der November. Mama ging nicht mehr auf den Wochenmarkt.
»Viel zu kalt!«, sagte sie. »Da holt man sich doch den Tod!«
»Und die Hühner?«, fragte Hannah. »Willst du nicht wenigstens die Hühner besuchen?«
Mama antwortete nicht. Sie starrte aus dem Fenster und kniff die Augen so zusammen, als ob sie ganz hinten am Ende der Straße jemanden erkennen wollte.
Hannah war wütend auf Herbert. Der hatte doch keine Ahnung. Mama war die Einzige, die mit Hühnern reden konnte. Und die Hühner redeten mit Mama. Aber so was kapierte Herbert nicht. So was war ihm peinlich. Hannah konnte sowieso nicht verstehen, was Mama an Herbert fand. Warum er schon drei Jahre bei ihnen wohnen und immer rumnölen durfte.

Am ersten Dezember schneite es. Dicke Watteflocken zuerst, dann Pulverschnee. Und die Wunschzettelzeit fing an.
In der Schule hatte Frau Buntschuh die Strohsterne an den Adventskranz gehängt, und in der ersten Stunde brannte eine Kerze auf dem Pult. Es roch nach Apfelsinen und Zimt.

»Was wir unseren Eltern schenken können«, stand an der Tafel.
»Topflappen«, sagte Martina Tälmann.
»Schlüsselanhänger«, rief Klaus Karsten.
»Taschenbücher«, sagte Martin Renner.

»Eine kleine Vase«, meinte Svenja Sondermeier.

»Und du, Hannah? Was schenkst du deiner Mutter zu Weihnachten?«, fragte Frau Buntschuh.

»Sie wünscht sich ein Huhn«, flüsterte Hannah.

»Etwas lauter, bitte«, sagte Frau Buntschuh. »Ich habe nichts verstanden, Hannah!«

»Meine Mama wünscht sich ein Huhn!«, rief Hannah.

Eine Sekunde lang war es totenstill in der Klasse, dann brach das Gelächter los.

»Ein Huhn!«, brüllte Klaus Karsten und schlug sich auf die Schenkel.

»Kinder!«, rief Frau Buntschuh. »Kinder, beruhigt euch doch!« Sie fuchtelte mit den Armen und sah aus, als würde sie ein großes Orchester dirigieren. Und genau in diesem Augenblick schellte es zur Pause. Immer noch lachend stürzten die anderen zur Tür, während Hannah mit gesenktem Kopf einfach an ihrem Tisch sitzen blieb.

»Ein Huhn also«, sagte Frau Buntschuh. »Glaubst du, deine Mutter wird sich freuen, wenn du ihr eins schenkst?«

»Und wie! Sie wünscht sich nichts mehr als ein Huhn. Sie kann nämlich mit Hühnern reden. Und die Hühner antworten sogar!«

»So, so«, murmelte Frau Buntschuh. »Deine Mutter kann also mit Hühnern reden … Habt ihr denn einen Hühnerstall?«

»Mama hat gesagt, ein kleines Huhn braucht einen kleinen Stall. Wenn es ein ganz kleines Huhn wäre, würde der Kaninchenstall reichen!«

»Ein Zwerghuhn also«, sagte Frau Buntschuh. »Zwerghühner sind die kleinsten. Hast du denn genug Geld für ein Zwerghuhn?«
Hannah zuckte mit den Schultern.
»Sind zehn Euro genug? Ich habe gespart!«
»Mehr als genug.« Frau Buntschuh lächelte. »Na, dann komm mal am Heiligen Abend vorbei und hol das Zwerghuhn ab! Ich finde, das ist ein sehr schönes Geschenk!«
Am Heiligen Abend schneite es immer noch. Herbert versuchte, im Wohnzimmer den Baum einzustielen.
»Der Baum steht schief«, sagte Mama. »Siehst du das nicht?«
»Misch du dich nicht ein!«, knurrte Herbert. »Den kann man nicht gerade hinstellen!«
Im Radio sang ein Kinderchor Weihnachtslieder.
Hannah schlich sich raus. Gleich würde es Krach geben. Das wusste sie genau. Es gab jedes Jahr Krach.
Und der Krach fing immer mit dem Satz »Der Baum steht schief« an. Immer. Aber diesmal machte es Hannah nichts aus. Sie hatte ja das beste Weihnachtsgeschenk der Welt für Mama. Ein richtiges Huhn!
Frau Buntschuh machte sofort die Tür auf.
»Komm mit!«, sagte sie.
Hinter dem Haus war ein Schuppen. Frau Buntschuh ging vor. Im Dämmerlicht sah Hannah die Hühner auf den Stangen sitzen. Sie gurrten leise vor sich hin und waren wirklich sehr klein.
»Zwerghühner«, sagte Frau Buntschuh. »Such dir eins aus!«

»Das da!« Hannah zeigte auf ein weißes Huhn am Ende der Stange. Frau Buntschuh ging langsam näher und packte es. Das Huhn schimpfte laut und gackerte. Aber Frau Buntschuh hielt es fest, setzte es in einen Karton und machte den Deckel zu.

»So!«, sagte sie. »Und fröhliche Weihnachten auch, Hannah!«

Hannah war selig. Sie hielt den Karton ganz fest und stapfte nach Hause durch den Schnee.

Sogar durch die geschlossenen Fenster konnte man ihre Stimmen hören.

»Dann geh doch zurück zu deiner Mutter!«, brüllte Herbert. »Dieses Weihnachtsgetue geht mir sowieso auf die Nerven!«

»Du könntest wenigstens auf das Kind Rücksicht nehmen!«, keifte Mama.

»Ich bin also schuld! Natürlich, ich bin ja immer schuld!«, brüllte Herbert.

Hannah hörte die Wohnzimmertür zuknallen. Wie letztes Jahr, dachte sie. Warum die sich bloß immer streiten müssen, dachte sie, und immer am Heiligen Abend.

Das Huhn im Karton bewegte sich. »Du musst keine Angst haben«, sagte Hannah. »Wir sind doch zu Hause.« Mama stand in der Küche und pellte Kartoffeln für den Kartoffelsalat. Sie sah verheult aus.

»Geh in dein Zimmer, Spätzchen. In zehn Minuten ist Bescherung. Was ist denn in dem Karton?«

»Überraschung!«, sagte Hannah. »Eine Riesenüberraschung!«

Mama versuchte zu lächeln.

»Na dann! Da bin ich aber gespannt!«

Es waren die längsten zehn Minuten, die Hannah je gewartet hatte. Das Huhn kratzte im Karton, und Hannah versuchte, Mamas Hühnersprache zu sprechen, aber es klang nur wie Rabengekrächze.

»Warte ab, Huhn!«, sagte Hannah. »Gleich wird Mama mit dir reden, die kann das viel besser als ich!«

Dann endlich hatte Herbert die Kerzen angezündet. Und endlich klingelte das Weihnachtsglöckchen.

Der Baum war genauso schief wie Herberts Grinsen. Denn Herbert versuchte wie immer so zu tun, als hätte es keinen Streit gegeben. Er versuchte sogar, Mama einen Kuss zu geben. Aber Mama drehte den Kopf weg.
»Du zuerst, Spätzchen!«, sagte sie und zeigte auf die Geschenke neben dem Baum.
»Diesmal nicht«, antwortete Hannah. »Diesmal bist du zuerst dran! Fröhliche Weihnachten!«
Sie gab Mama den Karton.
Und dann plötzlich ging alles ganz schnell. Mama machte den Deckel auf, das Huhn flatterte im selben Augenblick los und landete auf der Lampe. Herbert pumpte wie ein Maikäfer, und dann brüllte er.

»Bin ich denn hier im Irrenhaus?!«, brüllte er. »Hab ich gesagt: ›Du kriegst kein Huhn‹?!«, brüllte er. »Dich hinter dem Kind verstecken, das ist alles, was du kannst! Mir reicht's!«, brüllte er.
Mama hatte den Kopf eingezogen, genau wie das Huhn, und dann knallte auch schon die Korridortür, und Herbert war weg.

»Den sind wir los!«, sagte Mama, und dann fing sie an zu lachen. Es war ein riesengroßes Mamalachen. Ein Lachen wie ein Hühnergackern. Mama lachte so lange, bis ihr die Tränen kamen, und dabei hielt sie Hannah die ganze Zeit im Arm.
»Spätzchen«, prustete Mama und zeigte auf das Huhn auf der Lampe. »Spätzchen, das ist das beste Weihnachtsgeschenk, das ich je im Leben bekommen habe!«
Und Hannah hätte schwören können, dass das Huhn genickt hat.

Edith Schreiber-Wicke
Weihnachtspost

Novalis saß am Fenster und schaute den Schneeflocken zu. Sie sahen hübsch aus, aber er wusste genau: Wenn man sie fing, waren sie erst kalt, dann nass und dann weg. Außerdem musste man dazu ins Freie gehen, und dort war es derzeit äußerst ungemütlich. Es machte mehr Spaß, im warmen Zimmer zu sitzen und die wirbelnden Dinger mit den Augen zu verfolgen.

Tina kam, um Novalis zu streicheln. Ein wenig ungeduldig wich er aus. Dass die Menschen nie bemerkten, wenn eine Katze anderweitig beschäftigt war … Besonders die ganz kurzen Menschen, wie Tina einer war.

»Ich schreib einen Brief ans Christkind«, sagte Tina zu Novalis. »Weil ich mir nämlich eine Menge Sachen wünsche. Und die muss man dem Christkind aufschreiben, sonst vergisst es womöglich etwas.«

Novalis hörte aufmerksam zu. Das interessierte ihn. Wünsche hatte er nämlich auch.

Tina nahm ein Stück Papier und begann, blaue Zeichen draufzumalen. Novalis hätte gern gewusst, wer dieses Christkind war. Und wo. Und warum es Wünsche erfüllte. Jedenfalls musste es ziemlich schlau sein, wenn es die Zeichen verstehen konnte, die Tina aufs Papier kritzelte. Novalis schaute mit schief gelegtem Kopf zu. Ich will auch einen Brief schreiben, dachte er. Und er begann in Gedanken zu formulieren:

Wertes Christkind,
wenn du wirklich so lieb bist, wie allgemein behauptet wird, dann ersuche ich dich höflich um die Erfüllung folgender Wünsche:

1. Keine verschlossenen Türen mehr im Haus. Ich hasse Türen, die zu sind.
2. Öfter mal Fisch zum Frühstück – oder auch zum Abendessen. Ich liebe Fisch.
3. Das Wichtigste: Schick mir einen Kollegen. Menschen sind ganz nett, aber eben doch nur Menschen. Und gelegentlich will man kätzisch reden.

Es reicht dir die Pfote zum Gruß und Dank
Novalis, derzeit einziger Kater hier.

So, dachte Novalis. Jetzt muss ich nur noch Zeichen auf ein Papier bringen. Das gehört offensichtlich dazu.

Er versuchte es mit einem von Tinas Schreibstiften. Aber das Ding war nicht für Katzenpfoten gedacht. Es rollte über den Tisch und fiel auf den Boden. Tina sagte etwas Unfreundliches zu Novalis.

Beleidigt ging Novalis ins Nebenzimmer. Einer von den großen Menschen saß da und zeichnete schwarze Striche auf ein weißes Papier. Die schwarze Farbe kam aus einem kleinen Tiegel, wie Novalis feststellte. Papier lag auch genug herum. Vorsichtig tauchte Novalis eine Pfote in den Tiegel und setzte sie dann auf weißes Papier. »Ausgesprochen schön«, stellte er fest. »Das wird dem Christkind bestimmt gefallen.« Die laute, aufgeregte Stimme des Menschen schreckte ihn aus seiner Beschäftigung. »Lass das, du Untier. Troll dich da! Ausgerechnet ans Tuschfass muss er! Dieser Kater kostet mich meine letzten Nerven!« Novalis flüchtete und reinigte seine schwarze Pfote am Vorzimmerteppich.

Menschen!, dachte er verstimmt. Haben einfach von nichts eine Ahnung. Grollend zog er sich unter ein Sofa zurück und versuchte, seine noch immer schwarze Pfote mit der Zunge zu säubern.

Auf einer geräumigen Wolke saßen mehrere Engel und sortierten Briefe. »Was sich die Menschen so alles wünschen!«, sagte einer der Engel kopfschüttelnd.
»Weiß jemand, was ein Computerspiel ist?«, rief ein anderer.
»Keine Ahnung«, sagte ein dritter. »Noch nie gehört. Als ich neu hier war, haben sich die Kinder Märchenbücher und Zuckerwerk vom Christkind gewünscht. Allerhöchstens einmal warme Winterschuhe.«
»Oh, was haben wir denn da?« Einer der Engel hob ein weißes Papier mit schwarzen Pfotenabdrücken hoch. »Der Absender muss eine Katze sein. Das kommt nicht oft vor. Kann jemand zufällig die Katzenschrift lesen?«
»Der Oberpostengel, soviel ich weiß«, rief jemand.
Und so landete der Brief mit den schwarzen Pfotenspuren auf einer rosaroten Eilwolke, die für den Oberpostengel bestimmt war.
»Du lieber Himmel, ein Brief von einer Katze! So was hab ich zuletzt vor mehr als dreihundert Jahren in den Händen gehabt«, brummte der Oberpostengel. Er setzte eine goldgefasste Brille auf und studierte eine Weile die schwarzen Spuren auf dem Papier. »Keine Chance«, murmelte er schließlich, »das muss an allerhöchster Stelle erledigt werden.« Und er gab den Brief einem Expressengel mit, der soeben vorbeiflog.
Das Christkind nahm gerade einen Stapel Post aus dem Fach mit der Aufschrift »Unmögliches«. So ganz nebenbei fiel sein Blick auf das Blatt Papier, das der Expressengel abgegeben hatte. Das Christkind lächelte … Wenig später lag der Wunschzettel, den Novalis geschrieben hatte, in der Abteilung »Genehmigt«. Versehen mit der eigenhändigen, allerhöchsten Unterschrift.

Novalis war wieder einmal beleidigt. Sie ließen ihn nicht auf den Tannenbaum klettern, den sie im großen Zimmer aufgestellt hatten. Sie schimpften, weil die

Silberbälle alle zerbrochen waren. Er hatte doch nur ausprobiert, ob wenigstens einer hüpfen konnte. Und von den Glitzerfäden am Baum war ihm schrecklich schlecht geworden. Jetzt lag er unter dem Sofa und nahm übel.

Weihnachten ist blöd, dachte er. Nie wieder schreib ich dem Christkind einen Brief.

Die großen Menschen stapelten Pakete rund um den Tannenbaum. Es raschelte interessant, und Novalis kam unter dem Sofa hervor. Aber jetzt war es ihnen wieder nicht recht, dass er anfing auszupacken. Obwohl er das mit seinen Krallen wirklich hervorragend konnte.

»Das ist kein Kater, das ist eine Katastrophe«, sagte einer der Menschen. Novalis verstand nicht genau, was damit gemeint war. Aber dass es nichts Freundliches war, merkte auch der dickfelligste Kater. Und Novalis war nicht besonders dickfellig.

Er ging, um bei Tina Trost zu suchen. Die Zimmertür war wieder einmal zu. Auch das noch. Und niemand reagierte auf seine empörte Beschwerde. Zur Strafe kratzte er am Spannteppich. Dann legte er sich in eine Schachtel unter dem großen gemauerten Ofen und beschloss, Weihnachten zu verschlafen. Nach Katzenart schlief er auch tatsächlich sofort ein. Novalis wachte von Tinas Rufen auf. »Novalis ist weg. Ich find ihn nirgends«, beklagte sie sich. »Ohne ihn kann man doch nicht Weihnachten feiern.«

Novalis fühlte sich verstanden, gähnte zufrieden und kam aus seinem Versteck.

»Wir lesen noch eine Weihnachtsgeschichte, bis es ganz dunkel ist«, sagte einer der großen Menschen.

»Komm zuhören, Novalis!«, rief Tina. »Geschichten sind fein.«

Na gut, weil Weihnachten ist, dachte Novalis friedfertig und legte sich neben Tina aufs Sofa. Der Mensch mit der tiefen Stimme begann aus einem dicken Buch vorzulesen.

Den Anfang der Geschichte versäumte Novalis, weil er versuchte, eine Fliege zu fangen. Aber dann hörte er zu. Es war ganz furchtbar traurig. Nirgends wollte man Joseph und Maria einen Schlafplatz und was zu essen geben. Wo es doch so kalt draußen war. Novalis war nicht ganz sicher, ob mit Joseph und Maria Menschen oder Katzen gemeint waren. Das machte aber auch keinen Unterschied. Nicht einmal einen Menschen durfte man bei so einem Wetter fortjagen! Er schüttelte sich bei dem Gedanken an Schnee, Kälte und Hunger.

»Seid barmherzig, lasst uns ein«, las der große Mensch.

Novalis stellte die Ohren auf. Irgendwas scharrte an der Tür.

»Packt euch fort, hier ist kein Platz für euch«, las der Mensch weiter.

Diesmal war das Geräusch an der Tür nicht zu überhören.

»Passt ja direkt zur Geschichte«, sagte der Mensch. Er legte das Buch weg und ging hinaus, um nachzuschauen.

»Seht einmal, was da draußen war«, sagte der Mensch, als er wieder hereinkam. Er setzte ein struppiges, nasses Etwas auf den Fußboden, das sich zunächst einmal kräftig schüttelte und dann dreimal nieste.

Das könnte eine Katze werden, wenn es trocknet, dachte Novalis. Er ging schnuppernd näher. Das nasse Etwas nieste wieder und wich vor Novalis zurück.

»Kommst du vom Christkind?«, fragte Novalis.

»Kenn ich nicht«, sagte das Nasse. »Ich geh am besten wieder.«
»Kommt nicht infrage«, brummte Novalis. »Du bist mein Weihnachtsgeschenk.«
»Ich koch Fisch für die Katzen«, sagte der Mensch mit der hellen Stimme.
Noch ein Geschenk, staunte Novalis. Nie wieder schimpf ich auf Weihnachten.
Nach einer Weile kam der Mensch mit der hellen Stimme wieder und sagte zu dem mit der dunklen Stimme: »Hast du schon bemerkt? Im ganzen Haus kann man die Türen nicht mehr zumachen. Sie klemmen oder so was Ähnliches.«
Also, gründlich ist es. Das muss man dem Christkind wirklich lassen, dachte Novalis.

Erhard Dietl
Bärenstarke Weihnachten

Heute ist Heiligabend.
»Es ist so weit! Ihr dürft kommen!«, ruft Mutter aus dem Weihnachtszimmer.
Wenn die Mutter das Glöckchen zur Bescherung läutet, sieht sie fast aus wie ein Engel, denkt Artur, und dann gehen sie gemeinsam ins Zimmer und packen die Geschenke aus.
Mutter bekommt ein Fitness-Trimm-dich-Gerät, Vater einen automatischen Pfeifenstopfer.
»Jetzt musst du aber auch auspacken!«, meint Vater. Artur reißt sein Paket auf.
»Ein Blinkomat!«, ruft er. »So einen hab ich mir schon immer gewünscht!«
»In zehn Minuten bist du wieder da!«, ruft Mutter. »Dann wollen wir Weihnachtslieder singen. Und nimm deinen Schal mit! Es ist schweinekalt!«
»Lies erst mal die Gebrauchsanweisung von dem Ding!«, mahnt der Vater.
»Weiß schon, wie es funktioniert!«, antwortet Artur.
Er kennt sich aus mit Blinkomaten:

> Die Flügel drehn sich, und er raucht,
> er klingelt, tutet, und er faucht,
> er rollt, er wackelt, und er blinkt
> wie tausend Sterne! Und er winkt!
> Macht Handstand, das ist allerhand.
> Fährt senkrecht hoch die steilste Wand!
> Im Schnee läuft er auf Kufen
> hinab die dunklen Stufen.

Unten an der Kellertreppe schläft ein müder alter Bär in seinem Schlafsack. Der Blinkomat fährt ihm gegen den Kopf und weckt ihn auf.
»Wer klopfet an?«, brummt der Bär.
»'tschuldigung«, sagt Artur, »kann ich meinen Blinkomaten wiederhaben?«
»Was'n das für'n Ding?«, knurrt der Bär.
»Mein Blinkomat!«, sagt Artur. »Er tutet, und er fährt, er klingelt, und er wackelt, er blinkt wie tausend Sterne, und er fliegt!«
»Donnerwetter«, sagt der Bär. »Der blinkt aber schön, wie ein Weihnachtsbaum.«
»Hast du eigentlich keinen Weihnachtsbaum?«, fragt Artur und sieht sich dabei suchend um. »Hast du etwa auch keine Geschenke bekommen?«
»Um mich kümmert sich kein Schwein«, brummt der alte Bär.
»Ist dir nicht kalt?«, fragt Artur.
»Ich hab ja den Schlafsack …«, brummt der Bär.
»Ich muss jetzt gehen«, sagt Artur, »muss zu Hause noch Weihnachtslieder singen!«
»O Tannenbaum, o Tannenbaum …«, brummt der Bär.
»Wenn du willst, leih ich dir meinen Blinkomaten!«, sagt Artur.
»Ehrlich?«, fragt der Bär.
»Klar. Bis morgen oder übermorgen. Aber er braucht viel Batterie. Wenn du schläfst, musst du ihn ausmachen!«
»Versprochen!«, sagt der Bär. »Warte! Ich hab auch was für dich.« Er kramt in seinem Schlafsack und gibt Artur einen dunkelroten Hosenknopf. »Das ist ein echt südchinesischer Zauberknopf«, sagt er. »Da spuckst du drauf, und dann musst du ihn reiben. Dabei kannst du dir was wünschen!«
»Und dann geht der Wunsch in Erfüllung?«, will Artur wissen.
»Probier's aus«, sagt der Bär.
Artur läuft die Kellertreppe hoch und nach Hause zurück, den dunkelroten Hosenknopf fest in seiner Hand.
»Da bist du ja endlich!«, ruft die Mutter.

»Funktioniert er gut, dein Blinkomat?«, will Vater wissen.
»Ich hab ihn eingetauscht. Gegen den Knopf da«, sagt Artur.
»Du hast WAS?«, ruft die Mutter.
»Bist du noch gescheit?«, brüllt der Vater.
»Ich hab ihn dem alten Bären gegeben als Weihnachtsbaum. Er hat doch sonst nichts. Und das ist ein Zauberknopf, ein südchinesischer!«
»Eine Unverschämtheit ist das!«, ruft der Vater zornig. »Dem Kerl werd ich's zeigen! Kleine Kinder über's Ohr zu hauen! Na warte!« Schon ist der Vater draußen, um dem alten Bären das Fell über die Ohren zu ziehen.
»Und das muss ausgerechnet heute passieren!«, sagt die Mutter betrübt. »Immer machst du so einen Mist, Artur, und dein Vater regt sich dann auf.« Ganz still ist es im Zimmer. Artur reibt seinen dunkelroten Knopf so fest, dass ihm der Daumen wehtut.
Dann hört man den Vater zurückkommen.
»Hast du ihn?«, ruft die Mutter.
»Ja, ich hab ihn!«, sagt der Vater. »Das da ist Herr Bär!«
»Guten Tag«, sagt der Bär, »ich will keine Umstände machen …«
»Machen Sie sich's bequem«, sagt der Vater, »und wärmen Sie sich auf! Ein paar Plätzchen und ein guter Schluck können auch nicht schaden.«

»Plätzchen sind gar nicht nötig …«, sagt der Bär, »nur keine Umstände!«
»Ich hätte nie gedacht, dass Vater so etwas tut«, flüstert Mutter Artur ins Ohr.
»Und ich hätte nie gedacht, dass der Zauberknopf wirklich so gut funktioniert«, antwortet Artur leise.
Dann singen sie endlich Weihnachtslieder. Artur, Mutter, Vater und der Bär.

Henriette Wich
Geschenke vom Kasperl

Nachmittags am 24. Dezember schleicht Franziska um die Tür zum Wohnzimmer herum. Das dauert wieder mal ewig! Wann gibt es endlich Geschenke? Doch die Wohnzimmertür ist und bleibt zu.
Wo diesmal wohl die Geschenke liegen? Vor drei Jahren hat das Christkind die Geschenke unter den Tannenbaum gelegt. Vorletztes Jahr lagen sie oben auf dem Klavier. Und letztes Jahr hat das Christkind sie auf einen großen Schlitten gepackt.
Draußen wird es langsam dunkel. Da spürt Franziska Mamas Hand. Drinnen im Wohnzimmer läutet ein Glöckchen. Dann geht die Tür auf. Franziska blinzelt, so hell strahlt der Tannenbaum mit seinen Lichtern, silbernen Äpfeln und goldenen Schokoladensternen, die zwischen den Zweigen hervorblitzen.
»Fröhliche Weihnachten!«, ruft Mama.
»Fröhliche Weihnachten!«, murmelt Franziska und sieht sich suchend um. »Wo ist denn Papa?«
»Der kommt gleich«, sagt Mama.
»Komisch«, denkt Franziska. Sonst sitzt Papa an Heiligabend immer am Klavier und spielt »Ihr Kinderlein kommet«. Und dann singen sie zusammen Franziskas Lieblingsweihnachtslied.
Franziska sieht sich noch einmal um. Nicht nur Papa fehlt, auch von den Geschenken ist weit und breit nichts zu sehen. Das darf doch nicht wahr sein! Hat das Christkind sie dieses Jahr etwa vergessen?
Mama lächelt Franziska an. »Sieh mal, da drüben ist eine Weihnachtsüberraschung für dich!«

Neben dem Tannenbaum steht ein großer, dunkelgrüner Kasten. Franziska reibt sich die Augen. Was macht denn das Kasperletheater hier? Das steht doch sonst in ihrem Kinderzimmer. Aber bevor sie fragen kann, geht auch schon der Vorhang des Kasperletheaters auf.

Der Kasperl wirbelt aufgeregt herum. »Frohe Weihnachten, Franziska! Das glaubst du nicht! Weißt du, was mir heute passiert ist?«

Franziska schüttelt den Kopf.

»Stell dir vor!«, sagt der Kasperl. »Heute ist mir das Christkind begegnet. Es hatte einen ganz schlimmen Schnupfen und Husten und Kopfweh.«

Franziska erschrickt. »Armes Christkind! Dann ist es bestimmt gleich wieder nach Hause gegangen, um sich ins Bett zu legen. Und Geschenke hat es wahrscheinlich auch keine dabeigehabt, oder?«

»Doch«, sagt der Kasperl. »Die Geschenke hat es mir mitgegeben. Ich soll sie an die Kinder verteilen. Aber ich weiß nicht, ob welche für dich dabei sind, Franziska. Warte kurz, ich seh mal nach.« Der Kasperl verschwindet.

Franziska wartet ungeduldig.

Ächzend und stöhnend kommt der Kasperl wieder hoch. In den Armen hält er ein kugelrundes Paket. Langsam buchstabiert er: »Für Fr…an…zi«.

Franziska strahlt. »Das ist für mich. Gib her!« Sie stellt sich auf die Zehenspitzen und streckt dem Kasperl die Hände entgegen.

Gerade als ihre Finger das Paket fast berühren, kommt plötzlich der Räuber angeschossen. »Hat hier jemand von einem Geschenk gesprochen? Ich liebe Geschenke!« Und schon zerrt er am Paket und will es dem Kasperl aus den Händen reißen.

»Hilfe!«, ruft der Kasperl und verschwindet.

Zum Glück ist die Gretel in der Nähe. Mit ihrem Nudelholz schlägt sie dem Räuber auf den Rücken.

»Aua, aua!«, schreit der Räuber und reißt aus.

Die Gretel rennt ihm hinterher. »Was fällt dir ein, einfach fremde Pakete zu klauen? Na warte, du böser Räuber!«

Franziska lacht und stellt sich wieder auf die Zehenspitzen. Der Kasperl kommt zurück, beugt sich zu ihr hinunter und gibt ihr das Paket.

»Ich hab noch mehr Geschenke für dich«, sagt er. »Aber wir müssen uns beeilen. Der Räuber kommt bestimmt bald wieder. Kannst du gut fangen?«

»Klar«, sagt Franziska.

Der Kasperl taucht ab. Kurz darauf fliegt ein kleines Geschenk durch die Luft.

Franziska erwischt es gerade noch. Da fliegt ihr schon das nächste entgegen. Und noch eins und noch eins. Franziska fängt alle auf und stapelt sie auf einem Stuhl.
Schließlich kommt der Kasperl wieder hoch und sagt: »Das war's. Mehr hab ich nicht für dich.«

»Danke, Kasperl!«, ruft Franziska.
»Gern geschehen«, sagt der Kasperl.
Da rauscht der Räuber herein. »Was, du hast keine Geschenke mehr, Kasperl?«, brüllt er. »Ich will aber auch Geschenke haben! Warum bekommt nur diese Franziska welche und ich nicht?«
»Tschüs, Franziska!«, ruft der Kasperl und saust schreiend davon. »Gretel, wo bist du? Hilf mir!«
»Ich komme!«, ruft die Gretel von hinten.
Da fällt der Vorhang. Franziska rennt zu Mama hinüber. »Das war die tollste

Weihnachtsüberraschung überhaupt! Nur schade, dass Papa den Kasperl nicht gesehen hat.«

»Stimmt«, sagt Mama und lächelt.

In dem Moment taucht Papa plötzlich aus dem Dunkeln auf. »Der Kasperl hat ja schrecklich geschrien. Was war denn los?«

»Das erklär ich dir später«, sagt Franziska. »Erst müssen wir ›Ihr Kinderlein kommet‹ singen, und dann muss ich meine Geschenke auspacken.«

»Alles klar«, sagt Papa und setzt sich ans Klavier.

Franziska stellt sich mit Mama daneben und singt ganz laut. Dabei sieht sie noch mal zum Kasperletheater hinüber. Der Vorhang ist fest zugezogen, und dahinter ist es stockdunkel. Was der Räuber jetzt wohl macht? Ob er sehr enttäuscht ist, dass er gar kein Geschenk bekommen hat? Bestimmt sitzt er in einer dunklen Ecke und ist furchtbar traurig – und das an Heiligabend!

Franziska merkt gar nicht, dass Papa aufgehört hat zu spielen.

»Na, was ist?«, fragt Mama. »Du wolltest doch deine Geschenke auspacken.«

»Gleich«, sagt Franziska. Schnell geht sie zum Tannenbaum und pflückt einen goldenen Schokoladenstern. Damit geht sie zum Kasperletheater, macht den Vorhang einen Spalt weit auf und flüstert: »Hallo, Räuber, wo bist du?«

Der Räuber antwortet nicht.

»Hallo, Räuber!«, flüstert Franziska etwas lauter. »Ich hab ein Geschenk für dich.«

Der Räuber antwortet wieder nicht.

Da legt Franziska den Stern auf die Kante des Kasperletheaters. »Du kannst dir das Geschenk auch später abholen. Frohe Weihnachten!«

Dann dreht sie sich um und geht. Plötzlich hört sie, wie jemand ganz leise »Danke« sagt. Sofort dreht sie sich wieder um. Doch der Vorhang ist zu, und der Räuber lässt sich nicht blicken.

Franziska lächelt. Sie weiß ganz genau, dass der Räuber da ist. Bestimmt freut er sich über den Schokoladenstern und will es bloß nicht zugeben. Typisch Räuber!

»Franziska!«, ruft Papa. »Wo bleibst du denn?«

»Ich komm schon«, sagt Franziska. Jetzt kann sie es kaum erwarten, endlich ihre Geschenke auszupacken.

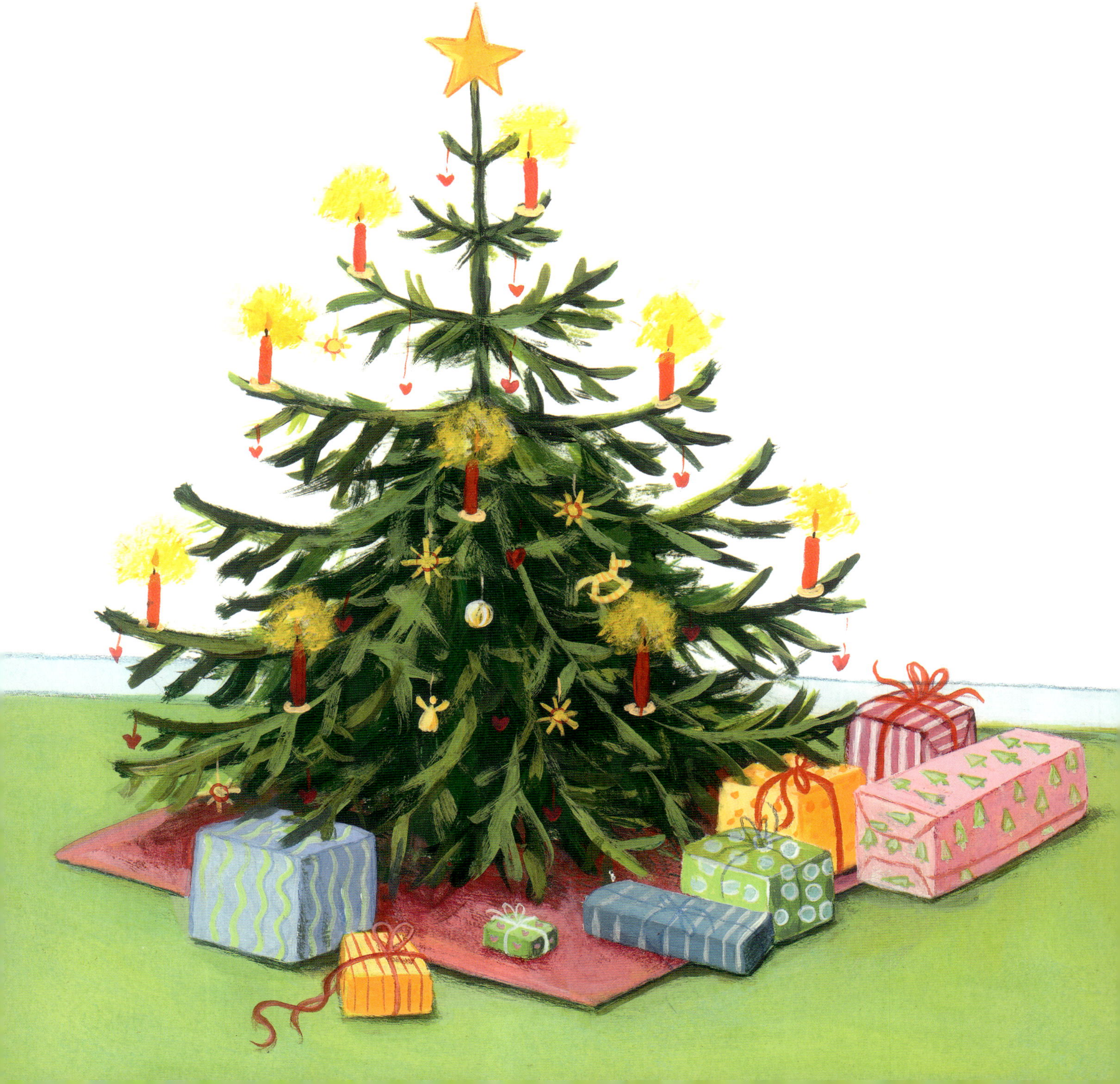

Am Heiligen Abend

Isabel Abedi

Der Bär im Schafspelz

Es war eine stille Nacht im Dezember, als Meister Puck an seiner Nähmaschine vor dem Fenster saß und nähte. Meister Puck war Schneider – ein alter Schneider, neunundneunzig und ein halbes Jahr alt, um genau zu sein. Er trug einen weiß gelockten Bart und hatte grüne Augen, die immer, wenn Meister Puck sich freute, zu leuchten anfingen; fast so, als hätte hinter ihnen jemand eine Kerze angezündet. Und wenn der alte Schneider lachte, dann tanzten seine vielen Falten wie Strichmännchen auf seinem Gesicht herum. Meister Puck war in der ganzen Stadt beliebt – und das nicht nur, weil er so schöne Kleider nähte. Immer wenn seine Kunden zu ihm kamen, brachten sie außer ihren Kleiderwünschen etwas mit, das ihnen auf dem Herzen lag, denn der alte Schneider war auch ein Meister im Zuhören.

Am liebsten hatten ihn jedoch die Kinder – und für sie hatte Meister Puck sein Handwerk um eine ganz besondere Kunst erweitert: Er schneiderte Teddybären. Den allerersten hatte er vor vielen Jahren seiner kleinen Enkeltochter geschenkt. Später wollte er auch anderen Kindern eine Freude machen, und irgendwann fragten sogar die Spielzeugläden bei ihm an. Die Teddybären von Meister Puck hatten nämlich etwas Einzigartiges: Sie wirkten auf geheimnisvolle Weise lebendig. Vielleicht lag es daran, dass Meister Puck alle Bären mit seiner ganzen Liebe nähte und dass ein Teil dieser Liebe auf sie überging. Die Kinder schienen das zu spüren, denn für sie war ein Teddybär von Meister Puck das kostbarste Geschenk der Welt.

Meister Puck saß also an seiner Nähmaschine und nähte. Draußen hatte es zu schneien begonnen, und der Mond stand hoch am Himmel. Aber bis zum Son-

nenaufgang hatte Meister Puck noch viel zu tun. Denn morgen war der Heiligabend, und für diesen Tag hatte der alte Schneider dem Besitzer des Spielzugladens sieben Teddybären versprochen. Er war gerade mit dem ersten fertig geworden, als es an sein Fenster klopfte. Meister Puck hob erstaunt den Kopf. Zunächst sah er nur ein seltsames Licht. Es kam von der alten Eiche, die direkt vor seinem Fenster stand. Dann entdeckte er auf einem Ast ein kleines Mädchen. Es hatte silbernes Haar, und sein Kleid war so weiß wie der Schnee.
»Wer bist du?«, fragte Meister Puck, als er das Fenster geöffnet hatte.
Das Mädchen lächelte.
»Ich bin dein Tod«, sagte es, »und ich bin gekommen, um dich mitzunehmen.«
»Mein Tod?«, fragte Meister Puck erstaunt. »Hat denn jeder seinen eigenen Tod?«
»Natürlich«, erwiderte das Mädchen. »Jeder Mensch hat seinen eigenen Tod, so wie jeder auch sein eigenes Leben hat. Ich kenne dich, seit du ein kleiner Junge bist, und weiß, dass du mich schon seit einiger Zeit erwartest. Ich hoffe, du hast keine Angst vor mir.«

Meister Puck sah das Mädchen zärtlich an.

»Wie kann ich vor einem so wundervollen Wesen wie dir Angst haben?«, sagte er. »Ich komme gerne mit dir. Nur einen Wunsch habe ich noch.«

»Welchen?«, fragte das kleine Mädchen.

»Lass mich die Bären zu Ende schneidern«, sagte Meister Puck. »Wenn sie meine letzten sind, dann möchte ich, dass sie besonders schön werden.«

»Diesen Wunsch erfülle ich dir gern«, sagte das Mädchen. So machte sich Meister Puck wieder an die Arbeit, und das Mädchen sah ihm zu.

Als der alte Schneidermeister seinen sechsten Teddybären fertig genäht hatte, stellte er fest, dass ihm sein Stoff ausgegangen war.

»Nimm doch einen anderen«, schlug das Mädchen vor.

Meister Puck suchte in seiner Truhe. Er fand aber nur einen kleinen Stoffrest von einer Schafwolljacke.

»Das ist doch ein wunderbarer Stoff«, sagte das Mädchen.

Und Meister Puck setzte sich noch einmal an seine Nähmaschine. Während vom Himmel lautlos die Schneeflocken herabfielen, schneiderte er den letzten Teddybären seines Lebens.

Als Meister Puck sein Werk beendete, trug die Erde ein weißes Winterkleid. Die Luft war jetzt ganz klar, und das Licht des Mondes fiel auf den fertigen Bären. Er war kaum größer als die Hand von Meister Puck. Seine Augen waren dunkelbraune Filzkreise, seine Nase war aus einem schwarzen Garnbällchen, und auf seinem wollweißen Gesicht schimmerten – woher auch immer sie kommen mochten – zwei rote Wangen.

»Er sieht fast aus wie ein kleines Schaf«, sagte Meister Puck.

»Aber in ihm steckt ein richtiger Bär und deine ganze Liebe«, sagte das Mädchen. Dann nahm sie den alten Meister Puck an die Hand.

Zusammen flogen sie in die klare Winternacht hinaus, empor zu all den leuchtenden Sternen, in eine Welt, die sich irgendwann für jeden von uns öffnen wird.

Als am nächsten Morgen der Besitzer des Spielzeugladens die Schneiderei von

Meister Puck betrat, sah er den toten Körper des alten Mannes auf der Erde liegen. Aber bei der Nähmaschine saßen nebeneinander alle sieben Teddybären. Sechs große, braune Brummbären und der kleine weiße Bär im Schafspelz. Der Spielzeugladenbesitzer nahm sie mit und setzte sie auf das schönste Regal, das er hatte. Nur der kleine weiße Bär im Schafspelz gefiel ihm nicht. Deshalb stellte er ihn in die hinterste Ecke. Auch die anderen Stofftiere konnten den weißen Bären nicht leiden. Allein die Teddybären von Meister Puck hielten zu ihm. Aber natürlich dauerte es nicht lange, bis sie alle sechs verkauft waren. Der weiße Bär blieb zurück. Weil er immer hinter den anderen Tieren im Regal versteckt blieb, beachtete ihn niemand.
Viele Jahre vergingen, und der weiße Bär hatte die Hoffnung, dass ihn eines Tages jemand mit nach Hause nehmen würde, fast aufgegeben. Der Spielzeugladen hatte inzwischen einen neuen Besitzer, und im Regal saßen neue Teddybären. Aber auch sie wollten mit dem weißen Bären nichts zu tun haben. Nur eine alte Blecheule vom Nachbarregal unterhielt sich manchmal mit ihm.
»Wer weiß«, schuhute sie in einer kalten Dezembernacht zu dem kleinen Bären herüber, »vielleicht geschieht eines Tages ein Wunder, und du wirst entdeckt.«
Da dachte der weiße Bär an Meister Puck, der ihn vor vielen Jahren in der letzten Nacht seines Lebens geschneidert hatte. Er dachte auch an das kleine Mädchen mit dem weißen Kleid und den silbernen Haaren, die ihn als Erste gesehen hatte.

»In ihm steckt ein richtiger Bär«, hatte sie gesagt.

Der kleine Bär blickte zwischen den anderen Tieren hindurch aus dem Fenster des Spielzeugladens. Es war die Nacht vor Heiligabend. Vom Himmel fiel lautlos der Schnee herab, und der Mond und die Sterne tauchten den Raum in ein silbernes Licht.

Am nächsten Morgen trug die Erde ihr festlichstes Weihnachtskleid. Draußen spielten die Kinder. Sie machten Schneeballschlachten, bauten Schneemänner, und ihr fröhliches Lachen drang durch die geschlossenen Fenster des Ladens. Herein kam niemand.

Erst als der Besitzer seinen Spielzeugladen für die Mittagspause geschlossen hatte, klopfte es an die Tür. Vor dem Laden stand eine junge Frau mit einem kleinen Jungen an der Hand. Eigentlich hatte der Besitzer etwas Dringendes zu erledigen. Aber der Junge blickte ihn aus seinen grünen Augen so flehentlich an, dass er den Laden wieder aufschloss.

Die junge Frau sah sich im Spielzeugladen um. »Erinnern Sie sich noch an einen Meister Puck?«, fragte sie, als der Junge an ihrer Hand zog. Der Besitzer des Spielzeugladens nickte. »Über Meister Puck habe ich schon viel gehört.

Er hat Teddybären geschneidert, und dieser Spielzeugladen hat damals seine letzten Bären bekommen.«

Die junge Frau lächelte. »Meister Puck war mein Großvater«, sagte sie.

Der Spielzeugladenbesitzer beugte sich zu dem Jungen herunter. »Dann bist du gewiss der Urgroßenkel von Meister Puck.«

»Ja«, sagte der Junge. »Hast du noch einen Bären von ihm?«

Der Besitzer machte ein ratloses Gesicht. »Leider nicht.«

Dem Jungen kullerte eine Träne die Wange herunter.

»Das wäre doch auch wirklich ein Wunder gewesen«, meinte die Mutter und strich ihrem Sohn über die Locken. »Du kannst meinen Bären haben.«

Der Junge schüttelte den Kopf. »Dein Bär ist dein Bär. Ich will meinen eigenen.«

»Wir haben viele schöne Bären«, sagte der Besitzer. »Vielleicht gefällt dir ja ein anderer?«

Der Junge zog die Nase hoch und sah zum Regal mit den Stofftieren. »Vielleicht«, murmelte er. Der Besitzer nahm einen großen braunen Bär aus dem Regal. Der Junge verzog das Gesicht. »Der gefällt mir nicht.«

Der Besitzer zeigte dem Jungen alle Bären, die er hatte. Große, mittlere und kleine. Dunkelbraune, mittelbraune und hellbraune. Aber der Junge schüttelte jedes Mal den Kopf. Bis er den kleinen weißen Bären im Schafspelz entdeckte.

»Der da«, sagte er.

»Der kleine weiße mit den roten Wangen.«

Dieser Bär war dem Besitzer noch nie aufgefallen, und staubig war er außerdem. »Der ist doch schon ganz alt«, sagte der Verkäufer. »Ich weiß nicht mal, wie der auf das Regal kommt. Und außerdem sieht er aus wie ein Schaf.«

Der Junge nahm den weißen Bären in die Hand und sah ihn lange an. Die Wangen des Bären schienen plötzlich zu glühen, und die grünen Augen des Jungen fingen an zu leuchten, fast so, als hätte jemand hinter ihnen eine Kerze angezündet.

»Dieser Bär«, sagte der Junge, »ist ein richtiger Teddybär, und er ist genau das, was ich mir gewünscht habe.«

So kam es, dass der letzte Bär von Meister Puck ein ganz besonderes Zuhause bekam und endlich erfahren durfte, was es für einen Teddybären heißt, von einem Kind geliebt zu werden.

Frauke Nahrgang
Hilfe für den Weihnachtsmann

Es dämmert schon, als der Weihnachtsmann in die Stadt geht. Wie jedes Jahr am 24. Dezember will er dort Geschenke verteilen. Aber diesmal ist er besonders spät dran. »Hoffentlich schaffe ich es noch bis zur Bescherung!«, denkt er besorgt.

Endlich hat er das erste Haus erreicht. Auf Zehenspitzen schleicht er näher. Die Leute darin schmücken ihren Baum und achten nicht auf den Weihnachtsmann.

Gerade will er seinen Sack aufmachen, da dröhnt eine Stimme: »Halt, sofort stehen bleiben!«

Der Weihnachtsmann wird vor Schreck ganz starr.

Nur seine Knie schlottern. Wachtmeister Wächter und Winsel, sein Hund, treten aus der Dunkelheit.

»Stehen bleiben! Und die Hände hoch!« Aber der Weihnachtsmann kann die Hände nicht heben.

Dafür ist der Sack mit den Geschenken viel zu schwer. Der Wachtmeister packt ihn am Kragen. »Hab ich dich, Freundchen!«, sagt er.

»Aber …«, will der Weihnachtsmann erklären. »Aber ich bin doch der Weihnachtsmann.«

»Haha!«, lacht der Polizist. »Das kann jeder sagen. Den Ausweis, bitte!«

»Ausweis? Ich … ich habe keinen Ausweis!«, stottert der Weihnachtsmann.

»Na also!« Wachtmeister Wächter nickt zufrieden. »Das habe ich mir doch gleich gedacht.« Er zieht den Weihnachtsmann am Bart.

»Au!«, beschwert der sich. Doch Wachtmeister Wächter hat kein Mitleid. Da hilft kein Protestieren.

Der Weihnachtsmann muss mit zur Wache.

Dort nimmt Wachtmeister Wächter seine Fingerabdrücke und macht Fotos für die Verbrecherkartei. Der Weihnachtsmann wehrt sich nicht mehr. Traurig sitzt er auf einer Bank und lässt den Kopf hängen.

Plötzlich stürmt jemand in die Wachstube. Es ist ein Junge.

»Ich will eine Anzeige aufgeben!«, keucht er. »Eine Vermisstenanzeige.«

»Moment, Moment!« Der Polizist setzt sich die Brille auf die Nase. Er spannt einen Bogen in die Schreibmaschine und fragt: »Also, wie heißt du? Und wen suchst du?«

»Ich heiße Max!«, erklärt der Junge. »Und vermisst wird der Weihnachtsmann. Der müsste schon längst da gewesen sein. Schließlich wird es langsam Zeit für die Bescherung. Aber ich habe mich den ganzen Nachmittag am Fenster auf die Lauer gelegt. Nichts! Keine Spur vom Weihnachtsmann.«

Wachtmeister Wächter schreibt alles auf. »Weihnachtsmann vermisst, aha. Wie sieht er denn aus, der Weihnachtsmann?«

Max überlegt. »Tja, wenn ich das so genau wüsste! Gesehen habe ich ihn ja noch nie. Aber die Leute sagen, er trägt einen roten Mantel. Er hat einen langen weißen Bart und schleppt immer einen dicken Sack voller Geschenke auf seinem Rücken.«

Winsel fängt an zu jaulen.

»Still, Winsel!«, sagt Wachtmeister Wächter.
Aber Winsel jault noch lauter. Mit seiner Nase stupst er den Weihnachtsmann an.
»Der da«, ruft Max aufgeregt, »der muss es sein!«
Wachtmeister Wächter rutscht vor Schreck die Brille von der Nase. »Das ist der Weihnachtsmann?«, fragt er. »Aber ich ... ich wusste nicht ... Wir wussten nicht ... Stimmt's, Winsel?«
Verlegen legt Winsel die Pfote über die Augen.
Da sagt der Weihnachtsmann: »Mach dir keine Sorgen, Max. Zum Glück ist auf die Polizei Verlass. Mit seinem tüchtigen Suchhund hat der Wachtmeister mich schon gefunden.« Er zwinkert dem Polizisten zu.
Der wird ganz rot. »Ja, ja, so war's wohl«, murmelt er.
»Dann ist Weihnachten ja gerettet«, ruft Max. »Du musst nur noch die Geschenke verteilen, Weihnachtsmann.«
Traurig schüttelt der Weihnachtsmann den Kopf. »Zu spät«, sagt er. »So viele Geschenke, das schaffe ich heute Abend nicht mehr! Wir müssen die Bescherung verschieben.«
»O nein«, jammert Max.

Der Wachtmeister räuspert sich. »Wenn ich auch mal etwas sagen dürfte. Das ist ein Notfall. Und mit Notfällen kenne ich mich wirklich aus.« Er lädt Winsel, den Weihnachtsmann, den dicken Sack und Max in den Streifenwagen. »Anschnallen!«, ruft er. Mit Blaulicht geht es durch die Stadt.

An jeder Ecke hält der Streifenwagen an. Der Weihnachtsmann und seine Helfer stürmen hinaus und verteilen die Päckchen.
Bald ist der Sack leer. Fast leer.
»Und nun fahre ich euch beide nach Hause«, schlägt Wachtmeister Wächter vor. Doch der Weihnachtsmann sagt: »Vielen Dank, aber Max und ich, wir haben noch etwas zu erledigen.«
Der Polizist nimmt den Weihnachtsmann beiseite und flüstert: »Sei mir nicht böse, lieber Weihnachtsmann!«
»Natürlich nicht«, versichert der Weihnachtsmann.
Erleichtert tippt Wachtmeister Wächter an seine Mütze. Winsel wackelt mit dem Ohr, und die beiden brausen davon.
Max und der Weihnachtsmann gehen durch die Stadt. Ganz still ist es. In einigen Häusern brennen schon die Kerzen am Weihnachtsbaum.
»Wo wollen wir hin?«, fragt Max.
Der Weihnachtsmann zeigt ihm ein kleines Haus. »Dort wohnen Winsel und

der Wachtmeister«, sagt er. Er holt die letzten Päckchen aus dem Sack und legt sie neben die Tür.

»Damit die beiden zu Weihnachten nicht nur an Diebe denken«, flüstert er. »Und nun komm, damit sie auch bei dir daheim endlich die Kerzen anzünden können.« Schnell bringt er Max nach Hause.

»Tschüs, Weihnachtsmann«, sagt Max. Er winkt noch einmal, dann schlüpft er ins Haus. Der Weihnachtsmann kramt in den Taschen seines Mantels.

Da ist noch ein allerletztes Päckchen. Ein besonders schönes. Vorsichtig legt er es aufs Fensterbrett. »Frohe Weihnachten, Max! Bis zum nächsten Jahr!« Auf Zehenspitzen schleicht er davon.

Dimiter Inkiow
In letzter Minute

Eine Woche vor Weihnachten fragte Mama Papa, wann er endlich unseren Weihnachtsbaum kaufen wollte. Papa sagte: »Einen Weihnachtsbaum kauft man immer im letzten Moment, am Heiligen Abend um ein Uhr nachmittags, weil die Weihnachtsbäume dann am billigsten sind.«

»Dann sind aber die schönsten Bäume schon weg. Was übrig bleibt, ist meistens nichts«, sagte Mama.

»Wenn man aber eine Nordmanntanne kauft, kriegt man immer etwas Schönes«, meinte Papa. »Und das zum halben Preis. Hast du die Preise dieses Jahr gesehen? Unverschämt!«

So beschlossen die beiden, den Weihnachtsbaum im letzten Moment zu kaufen, wenn er am billigsten wäre.

Je näher Weihnachten rückte, desto unruhiger wurde meine Schwester Klara, weil die Bäume, die man vor ihrer Schule verkaufte, immer weniger wurden.

»Ich habe Angst«, flüsterte sie mir zu, »dass es bald keine Bäume mehr gibt.«

»Was sollen wir tun?«

»Fragen wir Mama!«

Mama meinte, es gäbe immer noch Bäume.

»Aber wenn nicht?«, fragte Klara. »Was dann?«

»Dann muss Papa in den Wald gehen und dort einen Weihnachtsbaum für uns schlagen.«

Das beruhigte uns ein bisschen, aber nicht ganz. Je näher der Heilige Abend rückte, desto öfter fragten ich und meine Schwester Klara die Kinder in unserer Straße: »Habt ihr schon einen Weihnachtsbaum?«

Einen Tag vor Heiligabend hatten alle schon einen – nur wir nicht. Aber wir hatten viele Strohsterne gebastelt, und wir hatten auch zwei Engel, die Klara aus der Schule mitgebracht hatte. Sie sagte, sie habe sie selbst mit einer Schere aus Goldpapier ausgeschnitten. Ich versuchte auch einen Engel aus Goldpapier auszuschneiden, aber es ging nicht. In der Schule hatten sie sicher andere Scheren.

»Wir haben so schöne Sachen«, sagte Klara. »Jetzt brauchen wir nur den Baum.«

Aber wir hatten noch keinen Baum. Das war sehr traurig.

Morgens am Heiligen Abend sagte Mama zu Papa: »Bitte, bring den Baum so früh wie möglich.«

»Um zwei bin ich zu Hause«, versprach Papa und fuhr weg.

Ich und Klara warteten zu Hause. Mit uns wartete Mama und schaute von Zeit zu Zeit erwartungsvoll durch das Fenster. Auch der Dackel Schnuffi wartete und bellte von Zeit zu Zeit. Es wurde ein Uhr, dann zwei, dann drei. Hinter den Fenstern der anderen Häuser konnten wir überall Weihnachtsbäume sehen. Nur wir hatten keinen.

Und Papa kam nicht. Plötzlich ging auch Mama weg. Ich und Klara und Schnuffi blieben allein zurück.

»Ich glaube«, sagte Klara besorgt, »Papa hat den Weihnachtsbaum vergessen.«

»Das kann nicht sein! Meinst du wirklich?«

»Es ist schon spät. Bald wird es vier Uhr.«

»Was machen wir denn ohne Baum? Mama sagte, wenn Papa ohne Baum kommt, dann muss er in den Wald, um einen Weihnachtsbaum für uns zu schlagen.«

»Aber … aber bis er kommt und in den Wald fährt, ist es sicher dunkel. Dann fängt schon Heiligabend an. Wo sollen wir dann die zwei Engel aufhängen?«

»Das weiß ich aber wirklich nicht.«

»Weißt du, Klara«, schlug ich vor, »warum kaufen wir uns nicht schnell selbst einen Weihnachtsbaum? Ich habe zehn Euro in meinem Sparschwein. Wenn ich sie heraushole, das reicht vielleicht. Die Bäume sind jetzt sicher ganz billig.«

Ich holte das Geld heraus, und wir liefen beide zu Klaras Schule, vor der man Weihnachtsbäume verkaufte. Unser Dackel Schnuffi lief fröhlich mit uns. Gott sei Dank, es waren noch Bäume da. Ich drückte dem Verkäufer meine zehn Euro in die Hand. Klara rückte auch drei Euro heraus, und dann begann sie zu feilschen. Sie konnte das so gut. Der Mann lachte und gab uns einen Baum, einen sehr guten sogar. Wir packten den Baum, Klara von der einen Seite, ich von der anderen. So gingen wir nach Hause, Schnuffi hinter uns her. Dort bekamen wir einen heiligen Schrecken. Wir sahen Papa einen riesigen Weihnachtsbaum vom Dach seines Wagens herunterholen.

»Woher habt ihr den Baum?«, fragte er staunend, als er uns sah. »Hoffentlich habt ihr ihn nicht gekauft?«

»Doch!«

»Aber warum? Warum?«

»Wir dachten, du bringst keinen mehr!«
»Oh mein Gott«, stöhnte Papa und starrte plötzlich die Straße entlang, als ob er seinen Augen nicht trauen könnte. Wir wunderten uns, warum er mit uns nicht schimpfte, und schauten auch in diese Richtung. Da entdeckten wir Mama. Auch sie schleppte atemlos einen Weihnachtsbaum. So haben wir das Weihnachtsfest mit drei Weihnachtsbäumen gefeiert.

Birgit Scheps
Das Geschenk

Nach dem langen, ungeduldigen Warten war nun der Weihnachtsabend endlich da. Der Schlitten, angefüllt mit den Geschenken für viele Kinder, stand vor dem Haus, und die Rentiere bekamen Futtersäcke vorgebunden, aus denen sie sich für die Weiterfahrt stärken konnten. Der Weihnachtsmann schwenkte seine Glocke und stapfte bimmelnd und schnaufend die Treppe hinauf, schwer beladen mit einem Sack voller Geschenke.

Die Kinder erwarteten ihn oben an der Treppe und führten den lang ersehnten Gast in die Wohnstube. Dort stand der Weihnachtsbaum, und seine Kerzen tauchten den Raum in ein warmes, gemütliches Licht. Der Weihnachtsmann stellte den Sack auf die Erde und fragte, ob die Kinder auch schön artig waren. Sie nickten eifrig, sagten Gedichte auf und sangen Lieder. Dann verteilte der Weihnachtsmann die Geschenke. Nicole, Tobias und Michael wickelten begeistert ihre Päckchen aus. Der Weihnachtsmann und die Eltern strahlten vor Freude, dass alles so gut gelungen war.

Da sagte Martin: »Und was ist mit mir? Bekomme ich diesmal kein Geschenk?«

Der Weihnachtsmann erschrak. Er legte Glocke, Sack und Besenrute auf den Tisch und kramte in seinen großen Manteltaschen. Von ganz unten holte er einen etwas zerknitterten Zettel hervor und faltete ihn auseinander.

Tatsächlich, das war Martins Wunschzettel.

Der Weihnachtsmann seufzte, setzte sich in einen Sessel und zupfte nachdenklich an seinem Bart.

»Das ist gar nicht so einfach«, sagte er. »Setzt euch und lasst mich überlegen.«

Die Kinder setzten sich an den Tisch. Die Mutter holte für jeden eine Tasse heiße Schokolade aus der Küche und stellte einen Teller mit Pfefferkuchen in die Mitte. Sie spitzten die Ohren, und der Weihnachtsmann begann zu erzählen: »Das mit dem Schenken ist so eine Sache. Jeder hat Wünsche, die ich herausfinden und erfüllen soll. Die großen Geschenke sind oft die einfachsten, die kleinen machen mir viel mehr Kopfzerbrechen. Aber bisher habe ich es noch immer geschafft, alle Wünsche zu erfüllen und Kinder und Erwachsene froh zu machen. Wenn der Weihnachtsabend zu Ende ist, lasse ich die erleuchteten Fenster und strahlenden Kerzen hinter mir und fliege auf meinem Rentierschlitten zurück in mein Weihnachtsmannhaus am Nordpol. Das geht jetzt im Handumdrehen, aber es war nicht immer so:

Damals, vor vielen, vielen Jahren, musste ich noch zu Fuß gehen. Der Weg nach Hause war weit, und ich hatte viel Zeit, mir den einen oder anderen Gedanken zu machen. Oft überlegte ich, während ich mit müden Füßen durch den Schnee stapfte und meinen Schlitten mit den leeren Geschenkesäckchen hinter mir her zog, warum es eigentlich das Weihnachtsfest gibt. Ich dachte mir neue Rezepte für Weihnachtspunsch und Pfefferkuchen aus, oder ich freute mich einfach darüber, dass ein langer und fauler Urlaubssommer vor mir lag. Doch manchmal wurde ich auch ein bisschen traurig, besonders, wenn der Wind so kalt wehte und der Frost in meine Nase biss. Ich fühlte mich dann sehr allein und hätte gern jemanden gehabt, der mich auf dem langen Weg nach Hause begleitete. Auf der Hälfte des Weges komme ich jedes Jahr am Haus von Frau Holle vorbei. Sie schaut aus ihrem Fenster, und wie ihr wisst, schüttelt sie kräftig die Betten, sodass es auf der Erde schneit. Sie lädt mich stets in ihre gute Stube ein, und wir trinken zusammen schönen heißen Glühwein, bevor ich mich auf den Rest des Weges nach Hause mache. So war es auch damals, an dem Tag, als ich trüben Gedanken nachhing und meine Beine mühsam durch den hohen Schnee zog. Frau Holle half mir aus dem Mantel, schob mich auf die Bank am Ofen, goss den Glühwein ein und schaute mich freundlich an.

»Weihnachtsmann«, sagte sie. »Du hast deine Arbeit getan, und das sehr gut. Dennoch scheinst du dich darüber nicht richtig zu freuen. Hast du Sorgen?«

Ich seufzte und sagte: »Es ist so, dass ich heute ständig darüber nachgedacht habe, warum ich allen Menschen die Wünsche erfüllen muss, aber niemand sich dafür interessiert, ob nicht auch ich mir etwas wünsche. Das ist schon ein bisschen ungerecht, oder?«

Frau Holle nickte und fragte: »Was wünschst du dir denn am allermeisten?«

Ich überlegte, was denn am nötigsten wäre: eine neue Mütze, eine Glocke oder ein neuer Schlitten? Aber dann sagte ich: »Es wäre mein größter Wunsch, nicht immer so allein sein zu müssen. Ich wünsche mir jemanden, mit dem ich reden und lachen kann, der mich auf meinen langen Wegen in der Weihnachtszeit begleitet und der mit mir die lange Frühlings-, Sommer- und Herbstzeit verbringt. Das wäre für mich das Allerschönste!«

Frau Holle lächelte geheimnisvoll und goss neuen Glühwein in meinen Becher. »Was man sich am meisten wünscht, das geht ganz bestimmt irgendwann in Erfüllung.«

Bald danach machte ich mich wieder auf den Weg. Der Wind blies noch kälter als vorher, und aus den Wolken fiel ein dichter Vorhang aus Schnee. Weit nach vorn gebeugt, zog ich meinen Schlitten, ich konnte den Weg kaum noch erkennen, der sich zwischen dicken Bäumen hindurchschlängelte.

Plötzlich hörte das Schneetreiben auf, und es wurde hell. Ich wischte mir den Schnee aus dem Gesicht und sah, dass ich im Wald auf einer Lichtung angekommen war. Hier war ich noch nie gewesen: Verwundert sah ich eine schöne grüne Wiese, einen Brunnen, einen runden Backofen und einen Apfelbaum, und ganz weit in der Ferne war ein goldenes Tor.
Das ist ja märchenhaft, dachte ich und ging zum Apfelbaum, um einen der schönen rot-gelben Äpfel zu pflücken und zu essen. Aber da entdeckte ich direkt unter dem Baum ein ganz kleines Tier. Es hatte graues Fell, einen langen

Hals, vier dünne Beine, große braune Augen und lange schwarze Wimpern. Mitten auf dem Kopf saßen zwei klitzekleine Hörnchen.
Das Tier sah mich an, zwinkerte mir zu und sagte: »Komm her und streichle mir mein Fell!« Nanu, dachte ich überrascht, der kleine Kerl kann ja sprechen! Ich hockte mich nieder und streckte vorsichtig die Hand aus. Behutsam strich ich dem Kleinen über das Fell und fühlte, wie seine Weichheit und Wärme mich

mit einem frohen Gefühl erfüllten. Ich vergaß die Äpfel und streichelte und spielte mit ihm. Ich zog den Mantel und die Stiefel aus, zog das Hemd aus der Hose, und wir sprangen über die Wiese, umrundeten den Backofen, tollten um den Apfelbaum und schossen Purzelbäume, bei denen ich fast meine Mütze verlor – kurzum, wie hatten sehr viel Spaß!

Doch so schön es auf der Wiese war, ich musste zurück in den Wald und meinen Weg nach Hause suchen. Ich zog meine Sachen wieder an, rückte die Mütze gerade, drehte mich noch einmal zu dem Tier um, winkte ihm zu und schritt zwischen die Bäume. Dort setzte das Schneetreiben wieder ein, aber ich konnte den Weg ganz klar erkennen. Zielstrebig setzte ich meine Schritte und kam schnell voran. In meinem Kopf war noch immer das Lachen und der Schwung unseres übermütigen Spiels.

Da hörte ich hinter mir das Klacken kleiner Hufe. Ich blieb stehen und sah, dass mir der Kleine gefolgt war. »He, mein Freund, du musst zurück zur Wiese gehen, sonst sucht dich deine Mutter und macht sich Sorgen! Vielleicht treffen wir uns ja nächstes Weihnachten und spielen wieder gemeinsam. Doch jetzt geh zurück!«

Das kleine Tier scharrte mit den Hufen im Schnee, dann drehte es sich um und galoppierte den Weg zurück. Ich hörte, wie sein Hufgetrappel immer leiser wurde, dann war es wieder still im Wald.

Erst spät in der Nacht kam ich zu Hause an. Ich sah mein Haus schon von Weitem und wunderte mich. Im Haus brannte Licht, und aus dem Schornstein stiegen kleine Rauchwolken auf. Offensichtlich hatte ich Besuch bekommen, der drinnen auf mich wartete. Ich lief schneller und rodelte das letzte Stück von einem Eisberg herunter bis in den Hof vor die Tür.

Schnell waren der Schlitten und die leeren Säcke im Schuppen verstaut, ich drückte die Türklinke herunter und ging in den Flur. Die Tür zum Wohnzimmer stand einen Spalt weit offen, und der Lichtstrahl der Lampe malte den Schatten meines Schaukelstuhls, der langsam hin und her schwang, an die Wand.

Als ich das Zimmer betrat, sah ich, dass der Tisch gedeckt war. Auf meinem Platz stand ein Teller und lag Besteck, frisches Brot duftete im Brotkorb, gelbrote Äpfel lagen in einer Schale, und auf einem zweiten Teller stapelten sich Moose, Flechten und Stroh.

»Da staunst du, was?«, sagte eine fröhliche Stimme hinter mir. Ich drehte mich um und sah in meinem Schaukelstuhl das kleine Tier von der grünen Wiese! Es saß lässig da, hatte die Hinterbeine über die Armlehne gelegt und hielt in den Vorderpfoten einen Becher mit Glühwein, aus dem es in kleinen Schlucken trank. Bei jedem Schluck färbte sich seine Nase röter. Ich stand da und machte wohl ein sehr dummes Gesicht, denn mein kleiner Freund lachte vergnügt.

»Ich bin ein Rentier und heiße Rudolf«, sagte er, »und ich denke, dass ich es bestimmt lange bei dir aushalten werde. Es ist so schön gemütlich hier am Nordpol, und einen Freund habe ich mir schon lange gewünscht. Also, steh nicht so herum! Setz dich hin, damit wir zusammen Abendbrot essen können.«

»Wie bist du denn hierhergekommen?«, fragte ich.

»Nichts leichter als das«, antwortete Rudolf. »Ich kann fliegen, und Entfernung und Ziel spielen keine Rolle. Im Augenblick bin ich schon dort, wo ich sein möchte, egal, ob am Nordpol, in Afrika oder Australien. Ich fliege so schnell wie ein Gedanke, und wenn du willst, kann ich dich dabei auch mitnehmen.«

An diesem Abend begann die schönste Zeit meines Lebens – ich war nicht mehr allein, ich hatte einen Freund!

Wir verbrachten einen aufregenden Sommer. Wir flogen um die Welt, lernten viele Länder kennen, die ich ohne Rudolf nie im Sommer besucht hätte. Ich lag in der Wärme der Sommersonne, spielte mit ihm unter Palmen am Meer, und einmal fuhren wir sogar mit einem großen Segelschiff.

Auch für meinen Beruf als Weihnachtsmann hatte das viele Reisen große Vorteile: Ich konnte die Kinder beobachten, ob sie brav und fleißig waren, und sie für die Geschenke einteilen.

Wenn Rudolf es wollte, waren wir unsichtbar und konnten manchmal einem Taugenichts einen Streich spielen. Es waren herrliche Ferien!

Rudolf wuchs schnell heran, er wurde ein prachtvoller Bursche, flink und stark und klug. Er sprach alle Sprachen der Welt, und ich brachte ihm Lesen bei und auch Schach.

Als sich der Herbst näherte, wurde es Zeit, sich auf die Weihnachtsarbeit vorzubereiten. Rudolf half mir beim Sortieren und Lesen der vielen Wunschzettel. Er überredete mich, mir einen Computer und einen neuen Schlitten anzuschaffen. »Wir müssen mit der Zeit gehen«, sagte er immer wieder, und so wurde ich nach und nach ein recht moderner Weihnachtsmann.

Am Weihnachtstag staunte ich, als Rudolf morgens zum Frühstück erschien. Seine Hörnchen waren zu einem stattlichen Geweih geworden, an dessen vielen Enden Weihnachtskerzen leuchteten. Sogar ein paar Weihnachtskugeln hingen an der Geweihkrone. Ungeduldig stand Rudolf im Hof, er scharrte mit den Hufen und konnte es kaum erwarten, dass ich ihn vor unseren neuen, mit Geschenken vollgeladenen Schlitten spannte.

Kaum hatte ich mich obenauf gesetzt, lief Rudolf los, und schon nach wenigen Augenblicken hob der Schlitten ab, und wir flogen in rasendem Tempo am Himmel entlang unserem ersten Ziel entgegen. Noch ehe ich die Namen der Kinder auf der Liste gefunden hatte, landete Rudolf sanft auf dem Dach eines Hauses in England. Dort werfen wir jedes Mal die Geschenke und Süßigkeiten durch den Kamin. Das Hinaufklettern auf das Dach, was mir immer so viel Mühe gemacht hatte, war nun nicht mehr nötig. So machten die Weihnachtsbescherungen richtig Spaß.

Dank Rudolfs schnellem Flug habe ich nun auch mehr Zeit für die Bescherung von Kindern wie euch. Ich kann sie besuchen und ihnen die Geschenke überbringen. Vor allem freue ich mich über die Lieder und Verse, die ihr vorhin für mich gesungen habt. Doch nun muss ich weiter, Rudolf wird schon unten auf mich warten. Wir haben noch viel zu tun. Frohe Weihnachten für euch alle!«

Martin und seine Geschwister brachten den Weihnachtsmann zur Tür. Und Martin flüsterte: »Das war ein sehr schönes Geschenk, vielen Dank.«

Der Weihnachtsmann lächelte und stieg die Treppe hinunter. Die Kinder liefen ans Fenster, sie winkten dem Schlitten nach, der am Himmel immer kleiner wurde. Nur Rudolfs leuchtende rote Nase war noch lange zu sehen.

Jutta Richter
Wie die Henne Berta das Weihnachtsfest rettet

Prinzessin Lisa steht am Fenster. Sie starrt in den Himmel.
Wolken. Dicke graue Regenwolken. So weit man kucken kann. Nichts als Regenwolken.
Und über dem Torbogen ist ein Loch in der Regenrinne. Da pladdert das Wasser durch und klatscht ans Fenster.
Nein, es riecht kein bisschen nach Schnee. Vom Winter keine Spur.
Seit Wochen geht das so. Und wenn es in zwei Stunden nicht anfängt zu schneien, dann ist alles zu spät.

Angefangen hatte es am Nikolausabend im Kindergarten. Der Nikolaus hatte Gummistiefel getragen. Er war ziemlich nass geworden, und da, wo er stand, bildeten sich kleine Pfützen auf dem Fußboden. Und dann musste er niesen. Haaatschiiih!
Dabei fiel seine rechte Augenbraue ab. Und dann hatte der Nikolaus genauso ausgesehen wie Olivers Vater.
»Siehste!«, flüsterte Max und puffte Lisa in die Seite. »Was hab ich gesagt? Die machen das nur. Die verkleiden sich. Es gibt keinen Nikolaus!«
»Lügner«, zischte Lisa zurück.
»Wirst ja sehen!«, flüsterte Max, »und das Christkind gibt es auch nicht!«

»Und das Christkind gibt es doch!«, sagt Prinzessin Lisa. Sie zieht das Gummiband unterm Kinn enger, damit die Krone nicht rutscht. »Und das Christkind gibt es doch!«

Aber wenn es nicht bald anfängt zu schneien, dann kann es nicht losfliegen. Dann werden die goldenen Flügel nass, und nasse Flügel tragen nicht. Und dann gibt es kein Glöckchenklingeln und keinen Lichterbaum und keine Geschenke. Dann gibt es überhaupt kein Weihnachten.
Prinzessin Lisa dreht sich um und beugt sich über das Puppenbett. Sie nimmt die Puppe Annika in den Arm und streichelt ihren Kopf.
»Du musst nicht weinen, Annika. Bitte wein doch nicht. Das Christkind kommt bestimmt. Ich weiß es genau. Gleich schneit es, und dann fliegt das Christkind los mit seinen fünfzig Lieblingsengeln, die müssen die Geschenke tragen. Nur Max, der bekommt nichts, weil er nicht dran glaubt.«
Und dann singt Prinzessin Lisa ein Schlaflied für die Puppe Annika. Sie singt ganz langsam und ganz leise und immer wieder von vorne.
»Schlaf ein, schlaf ein, mein Engelein. Schlaf ein, schlaf ein, mein Engeleinschlafeinschlafeinmeinengelein.«
Das ist ein ziemlich starkes Schlaflied. Die Puppe Annika macht sofort die Augen zu und Prinzessin Lisa auch.
Da klopft es ans Fenster. Prinzessin Lisa dreht langsam den Kopf. Irgendwie ist ihr Hals plötzlich steif geworden. Alles geht langsamer. Genauso wie manchmal in Träumen. Sitzt da doch die Henne Berta aus Kowalskys Hühnerstall und pickt mit dem gelben Schnabel ans Fensterglas. Und sie ist ganz nass und schmutzig weiß.
»Lass sie doch rein!«, sagt die Puppe Annika. Prinzessin Lisa öffnet das Fenster.

Die Henne Berta hüpft ins Kinderzimmer, gackert viermal, räuspert sich und sagt: »Aufstehn! Anziehen! Mitkommen!«

»Aber wohin?«, fragt Prinzessin Lisa.

Die Henne Berta ruckt aufgeregt mit dem Kopf und sagt immer nur: »Aufstehn! Anziehen! Mitkommen! Aufstehn! Anziehen! Mitkommen!«

»Ist ja gut«, sagt Prinzessin Lisa und zieht sich den Regenmantel und die blauen Gummistiefel an.

»Aufsitzen!«, ruft die Henne Berta.

Prinzessin Lisa und die Puppe Annika klettern auf Bertas Rücken. Die Henne nimmt wackeligen Anlauf mit ihren kurzen Beinen und fängt an zu flattern. Dabei springt sie in die Höhe und aus dem Fenster. Prinzessin Lisa klammert sich in den nassen Federn fest. So ein blödes Huhn! Kann doch gar nicht fliegen, wenigstens nicht richtig. Aber kaum zu glauben, die Henne Berta hebt ab, und das am Heiligen Abend! Zuerst kommen noch ein paar Luftlöcher, aber dann greift der Wind unter die Hühnerflügel, schon liegen die Regenwolken unten wie Watteberge und oben blauer Pfefferminzhimmel und Sonne, die ziemlich tief in der Himmelsschüssel hängt und bald hinterm Schüsselrand verschwindet. Dann ist Nacht.

»Wohin?«, will Prinzessin Lisa fragen, da merkt sie, dass kein Laut über ihre Lippen kommt.

Und jetzt kann sie nur noch hoffen. Auch das geht vorbei, flüstert sie sich im Kopf zu und schließt die Augen. Bis es wieder ruckt. Sturzflug und Landung, ziemlich holprig.

»Absteigen! Endstation!«, gackert die Henne Berta.

Vorsichtig blinzelt Prinzessin Lisa. Nicht zu glauben:

Sitzen da fünfzehn Schmetterlingsengel unterm blühenden Mandelbaum und spielen Karten. Und das am Heiligen Abend! Wo sie eigentlich alle Hände voll zu tun haben und keine Zeit! Prinzessin Lisa wird wütend.

»So!«, sagt sie. »Ihr schämt euch wohl gar nicht! Alles wartet aufs Christkind, und ihr spielt Karten! Habt ihr nichts Besseres zu tun?«

»Hätten wir schon«, grinst ein blonder Schmetterlingsengel. »Aber wir haben keine Lust zu arbeiten! Bei dem Sauwetter da unten, da schickt man ja keinen Hund vors Haus und erst recht keinen Schmetterlingsengel!«
»Außerdem hat das Christkind Schnupfen«, sagt ein anderer.
»Und ist heiser«, flüstert ein dritter Schmetterlingsengel. »Stimme verloren! Kann nicht rumkommandieren! Kann nicht schimpfen!«
Die Schmetterlingsengel kichern.
»Euch werde ich Beine machen!«, brüllt Prinzessin Lisa, brüllt so laut, dass die Mandelblüten von den Zweigen fallen, und klatscht in die Hände und scheucht die Schmetterlingsengel auf zu den großen Säcken.

»Aufladen!«, brüllt sie. »Abflug!«, brüllt sie. »Zur Erde mit euch!«, brüllt sie. Und während sie brüllt, rieseln unaufhörlich die Mandelblüten runter.
Prinzessin Lisa dreht sich um. Da steht das Christkind: barfuß, Triefnase, dicker Wollschal und trübe Augen.
»Danke, Prinzessin«, flüstert es. »Das hätte ich ohne dich nie geschafft!«
»Geh bloß schnell wieder ins Bett«, sagt Prinzessin Lisa. »Und werd gesund! Und wenn du aufstehst, vergiss die Pantoffeln nicht!«
»Ja«, flüstert das Christkind und trollt sich ins Bett.
Prinzessin Lisa klettert wieder auf Bertas Rücken.

»Das hast du gut gemacht«, sagt die Puppe Annika.
Die Henne Berta nimmt Anlauf, springt in die Höhe und fliegt in die Heilige Nacht. Es holpert und poltert und …
Prinzessin Lisa macht die Augen auf.
Alles wie vorher! Kinderzimmer. Die Puppe Annika schläft. Das Fenster fest geschlossen. Prinzessin Lisa reibt sich die Augen: Da fehlt doch was!
Mensch, ja. Da klatscht kein Regen mehr ans Fenster, und dunkel ist es. Sie geht zum Fenster. Das soll man glauben: Es schneit! Na, dann ist ja alles in Ordnung. Prinzessin Lisa kuckt genau hin. Es könnte sein … ja, es könnte Mandelblütenschnee sein …

Astrid Lindgren
Pippi Langstrumpf feiert Weihnachten

Hast du schon mal von Pippi Langstrumpf gehört, dem stärksten Mädchen der Welt? Dem Mädchen, das ganz allein mit einem Pferd und einem Affen in der Villa Kunterbunt wohnt? Dem Mädchen, das einen ganzen Koffer voller Goldstücke besitzt?
Jetzt erzähl ich dir, was Pippi einmal gemacht hat. Es war an einem Heiligabend. In allen Fenstern der kleinen Stadt leuchteten die Weihnachtslichter, und an den Weihnachtsbäumen brannten die Kerzen. Alle Kinder waren sehr froh.
Nein, nicht alle Kinder waren froh. In einem Haus in der Winkelstraße saßen im ersten Stock drei kleine arme Wesen in der Küche und weinten. Das waren

Frau Larssons Kinder. Pelle, Bosse und die kleine Inga. Sie weinten, weil ihre Mama ins Krankenhaus gekommen war. Ausgerechnet an Heiligabend, das stelle man sich einmal vor! Ihr Papa war Seemann und weit draußen auf dem Meer. Und sie hatten auch keinen Tannenbaum! Keine Weihnachtsgeschenke! Nichts Gutes zu essen! Denn ihre Mama hatte es nicht geschafft, etwas einzukaufen, bevor sie krank wurde. Kein Wunder, dass die Kinder weinten! Alles war furchtbar traurig, wie es manchmal sein kann.

»Das ist der traurigste Heiligabend, den ich jemals erlebt habe«, sagte Pelle. Genau in dem Augenblick, als er das gesagt hatte, ertönte ein entsetzliches Getrampel im Treppenhaus.

»Was ist denn das?«, rief Bosse. »Das klingt aber komisch!«
Es war jedoch kein bisschen komisch. Schließlich ist es nicht komisch, dass es klappert, wenn ein Pferd eine Treppe hinaufsteigen soll!
Es war Pippis Pferd, das da angetrampelt kam. Und auf dem Pferd saß Pippi.

Und auf Pippi saß ein Tannenbaum. Er saß in ihren Haaren. Er war voller brennender Kerzen und Fähnchen und Bonbons. Es sah aus, als sei er direkt aus ihrem Kopf gewachsen. Vielleicht war er das auch, wer weiß? Herr Nilsson, Pippis kleiner Affe, war auch dabei. Er flitzte vorneweg und öffnete die Tür. Pelle, Bosse und die kleine Inga sprangen von der Küchenbank und starrten ihn an.

»Warum guckt ihr so?«, sagte Pippi. »Habt ihr noch nie einen Tannenbaum gesehen?«

»Doch, aber noch nie …«, stotterte Pelle.

»Na also«, sagte Pippi und sprang vom Pferd. »Die Tanne ist einer der Bäume, die es in Schweden am häufigsten gibt. Und jetzt wollen wir tanzen, dass sich die Balken biegen. Aber zuerst …«

Sie warf einen Sack auf den Fußboden, und aus dem Sack holte sie viele Pakete und viele Beutel hervor. In den Beuteln waren Apfelsinen und Äpfel, Feigen, Nüsse, Rosinen, Bonbons und Marzipanschweine. Und in den Paketen waren Weihnachtsgeschenke für Pelle, Bosse und die kleine Inga. Pippi stapelte all die Pakete auf der Küchenbank auf.

»Noch kriegt ihr keine Weihnachtsgeschenke«, sagte sie. »Erst wollen wir mit dem Baum tanzen.«

»Du meinst wohl, dass wir um den Baum herumtanzen wollen«, sagte Pelle.

»Genau das meine ich nicht«, sagte Pippi. »Könnt ihr mir erklären, warum Tannenbäume niemals auch ein bisschen Spaß haben dürfen? Nie dürfen sie mittanzen. Sie müssen bloß stocksteif dastehen und glotzen, während die Leute um sie herumhüpfen und Spaß haben. Die armen, armen kleinen Tannenbäume!«

Pippi verdrehte die Augen, um den Tannenbaum auf ihrem Kopf sehen zu können.

»Dieser Tannenbaum soll jedenfalls mitmachen und sich amüsieren dürfen, das hab ich mir in den Kopf gesetzt«, sagte sie.

Wenn eine Weile später jemand in Frau Larssons Fenster geschaut hätte, dann hätte er einen merkwürdigen Anblick gehabt. Er hätte gesehen, wie Pelle, Bosse und die kleine Inga hüpfend um den Tannenbaum tanzten. Er hätte auch Pippi tanzen gesehen, Pippi mit dem Tannenbaum im Haar. Pippi stampfte mit ihren großen Schuhen, Pippi sang mit kräftiger und fröhlicher Stimme: »Hier tanz ich mit meinem kleinen Tannenbaum, ich tanze, so lange ich kann!«

»Noch niemals hat ein Tannenbaum solchen Spaß gehabt wie dieser«, sagte Pippi zufrieden, als sie, Pelle, Bosse und die kleine Inga eine Weile später um den Weihnachtstisch herumsaßen.

»Nein, das glaub ich auch nicht«, sagte Bosse und steckte sich eine Feige in den Mund.

»Und noch nie haben wir Heiligabend solchen Spaß gehabt«, sagte die kleine Inga und verschluckte ein ganzes Marzipanschwein in einem Rutsch.

Ja, und dann war es Zeit für die Weihnachtsgeschenke! Was für eine Freude, als Pelle seine Pakete öffnete und ein Flugzeug und eine Eisenbahn fand, und Bosse bekam eine Dampfmaschine und ein Auto, das auf dem Fußboden herumfahren konnte, wenn man es aufzog, und Inga eine Puppe und ein kleines Herz aus Gold!

Das Licht der Tannenbaumkerzen schimmerte so sanft auf den fröhlichen Gesichtern der Kinder und allen Weihnachtsgeschenken. Bestimmt war auch der Tannenbaum froh. Er war ja der erste Tannenbaum, der mittanzen durfte!

Quellenverzeichnis

Abedi, Isabel: *Der Bär im Schafspelz.* © bei der Autorin

Andersen, Hans Christian: *Der Schneemann.* Aus: Die Märchen. © Insel Verlag, Frankfurt/Main 2005

Arold, Marliese: *Die Weihnachtspiraten.* © bei der Autorin

Boie, Kirsten: *Der Tannenbaum.* Aus: Alles ganz wunderbar weihnachtlich. © Verlag Friedrich Oetinger GmbH, Hamburg 1992

Dietl, Erhard: *Bärenstarke Weihnachten.* Aus: Der Bär auf dem Seil. © beim Autor

Fröhlich, Anja: *Der gefallene Engel.* © bei der Autorin

Gieseler, Corinna: *Die Weihnachtsreise.* © bei der Autorin

Hughs, Richard: *Der Weihnachtsbaum.* Aus: Das Walfischheim. © der deutschsprachigen Ausgabe Suhrkamp Verlag, Frankfurt/Main 1953

Inkiow, Dimiter: *Der Weihnachtswunsch. In letzter Minute.* © beim Nachlass des Autors

Krüss, James: *Schildkrötensuppe.* Aus: Weihnachten auf den Hummerklippen. © Carlsen Verlag GmbH, Hamburg 2001

Kyber, Manfred: *Der kleine Tannenbaum.* Aus: Gesammelte Tiergeschichten.

Lindgren, Astrid: *Pippi Langstrumpf feiert Weihnachten.* © Astrid Lindgren 1949, Saltkråkan AB. Aus dem Schwedischen von Angelika Kutsch. Verlag Friedrich Oetinger GmbH, Hamburg 2002

Michels, Tilde: *Weihnachtsplätzchen.* © bei der Autorin

Nahrgang, Frauke: *Hilfe für den Weihnachtsmann.* © bei der Autorin

Nöstlinger, Christine: *Die gerechte Verteilung.* Aus: Weihnachtsgeschichten vom Franz. © Verlag Friedrich Oetinger GmbH, Hamburg 1993

Pressler, Mirjam: *Bärenwünsche.* Aus: Leselöwen-Gutenachtgeschichten. © Loewe Verlag, Bindlach 1998

Rettich, Margaret: *Die Weihnachtskatze.* © bei der Autorin

Richter, Jutta: *Die Sache mit dem Zwerghuhn. Wie die Henne Berta das Weihnachtsfest rettet.* © bei der Autorin

Scheffler, Ursel: *Der Schneemann, der auf die Rutschbahn wollte.* © bei der Autorin

Scheps, Birgit: *Das Geschenk.* © bei der Autorin

Schnurre, Wolfdietrich: *Die Leihgabe.* Aus: Als Vaters Bart noch rot war. Neuausgabe © Berlin Verlag, Berlin 1996

Schönfeldt, Sybil Gräfin: *Der Bäckerengel.* © bei der Autorin

Schreiber-Wicke, Edith: *Weihnachtspost.* © bei der Autorin

Schweiggert, Alfons: *Der winzige Tannenbaum.* © beim Autor

Steckelmann, Petra: *Sir Wally Krackerdeen.* © bei der Autorin

Wich, Henriette: *Geschenke vom Kasperl.* © bei der Autorin

Zöller, Elisabeth: *Der Innen-drin-Wunsch.* © bei der Autorin

Leseschätze für die ganze Familie

Es war einmal ... Eine Sammlung der schönsten Märchen von den Brüdern Grimm, Andersen und Bechstein sowie neue Märchen von Astrid Lindgren, Paul Maar oder Cornelia Funke.

Eva-Maria Kulka (Hrsg.)
Die schönsten Märchen von gestern und heute
Einband und farbige Illustrationen von Cornelia Haas
Ab 4 Jahren · 192 Seiten · ISBN 978-3-7707-2465-9

Eine Entdeckungsreise durch die Welt der Geschichten! Mit Texten von Astrid Lindgren, Kirsten Boie, Peter Härtling, Paul Maar, Christine Nöstlinger u. v. a.

Corinna Küpper (Hrsg.)
Die schönsten Geschichten zum Vorlesen
Einband und farbige Illustrationen von Dagmar Henze
Ab 5 Jahren · 192 Seiten · ISBN 978-3-7707-2464-2

In hochwertiger Ausstattung mit wunderschönen Bildern, Leinenrücken und Lesebändchen.

Vorlesen mit ellermann

Weitere Informationen unter: www.ellermann.de